Über dieses Buch Die Wiederentdeckung von Virginia Woolf ist vor allem den Frauen zu verdanken. Sie fanden in ihr ein Vorbild für Selbstverwirklichung und Vorurteilslosigkeit. Der Roman ›Orlando‹, in dem Virginia Woolf als eine der ersten Dichterinnen wagte, die Geschlechterrollen aufzuheben, wurde zum Lieblingsbuch der Frauenbewegung. Ihre Bibel aber ist ›Ein Zimmer für sich allein‹. Dieser Essay über Frauen in der Literatur geht auf zwei Vorträge zurück, die Virginia Woolf im Oktober 1928 in Cambridge gehalten hatte.

›Ein Zimmer für sich allein‹ ist Virginia Woolfs am leichtesten lesbares Buch, weil es ein konkretes Thema behandelt: Frauen und Literatur. Der männlichen These: Nie hätte eine Frau Shakespeares Stücke schreiben können, hält Virginia Woolf entgegen: Nie hätte eine Frau Shakespeares Stücke *in seiner Zeit* schreiben können. Hätte Shakespeare eine Schwester gehabt, phantasierte sie, mit dem gleichen Genius und der gleichen Abenteuerlust begabt wie er, sie hätte scheitern müssen.

Auf der Suche nach den Ursachen der Diskriminierung der Frauen geht sie den historischen Zusammenhängen nach, forscht sie in den Regalen von Bibliotheken nach Antwort. Und indem sie eine kleine Geschichte der Frauenliteratur aufrollt, stellt sie fest: Die Unzulänglichkeit der Frau hat soziale und wirtschaftliche Ursachen. Verdient euer eigenes Geld, ruft sie den Frauen zu, verschafft euch Muße und ein Zimmer für euch allein. Aber hebt auch den Geschlechterzwist auf, denn der wahre Künstler ist zweigeschlechtig. Vor allem aber »lebt in Gegenwart der Wirklichkeit – ein belebendes Leben«, schreibt in Freiheit Bücher jeglicher Art, ohne Rücksicht auf Autoritäten und Kritik.

Dieses Buch ist Virginia Woolfs Testament für die Frauen von heute. Es wird ergänzt mit den ganz persönlichen Erinnerungen von Louie Mayer, die 36 Jahre lang Haushälterin bei den Woolfs war.

Die Autorin Virginia Woolf wurde am 25. 1. 1882 als Tochter des Biographen und Literaten Sir Leslie Stephen in London geboren. Bereits mit 22 Jahren bildete sie gemeinsam mit ihrem Bruder den Mittelpunkt der intellektuellen ›Bloomsbury Group‹. Zusammen mit ihrem Mann, dem Kritiker Leonard Woolf, gründete sie 1917 den Verlag ›The Hogarth Press‹. Am 28. 3. 1941 schied sie freiwillig aus dem Leben. Weitere Werke im Fischer Taschenbuch Verlag: ›Die Fahrt hinaus‹ (Bd. 10694), ›Orlando‹ (Bd. 1981), ›Mrs. Dalloway‹ (Bd. 1982), ›Zwischen den Akten‹ (Bd. 1983), ›Die Jahre‹ (Bd. 2120), ›Die Fahrt zum Leuchtturm‹ (Bd. 2119), ›Die Wellen‹ (Bd. 2121), ›Flush‹ (Bd. 2122), ›Augenblicke. Skizzierte Erinnerungen‹ (Bd. 5789), ›Jacobs Raum‹ (Bd. 5870), ›Ein verwunschenes Haus‹ (Bd. 9464), ›Phyllis und Rosamond‹ (Bd. 10170), ›Blau & Grün‹ (Bd. 10553) und George Spater/Ian Parsons ›Porträt einer ungewöhnlichen Ehe Virginia & Leonard Woolf‹ (Bd. 2221). Ferner sind die Erinnerungen von Leonard Woolf, ›Mein Leben mit Virginia‹, lieferbar (Bd. 5686).

Bei S. Fischer erscheint seit Frühjahr 1989 die neu herausgegebene und neu übersetzte Ausgabe der Werke Virginia Woolfs; außerdem dort lieferbar die Biographie von Lyndall Gordon ›Virginia Woolf. Das Leben einer Schriftstellerin‹.

VIRGINIA WOOLF

EIN ZIMMER FÜR SICH ALLEIN

Mit einigen Fotos

und Erinnerungen an Virginia Woolf
von Louie Mayer

FISCHER TASCHENBUCH VERLAG

Titel der Originalausgabe: ›A Room of One's Own‹
Aus dem Englischen von Renate Gerhardt
Die Gedichte übersetzte Wulf Teichmann
Für die freundliche Genehmigung
zum Abdruck der Fotos aus den Seiten 11, 36, 42, 63, 73, 111
dankt der Verlag Mrs. M.T. Parsons
Frontispiz: John R. Freemann & Co. Ltd.

100.–105. Tausend: März 1992

Ungekürzte Ausgabe
Veröffentlicht im Fischer Taschenbuch Verlag GmbH,
Frankfurt am Main, März 1981

Umschlaggestaltung: Buchholz/Hinsch/Hensinger,
unter Verwendung eines Fotos aus dem Verlagsarchiv
Lizenzausgabe mit freundlicher Genehmigung
des Gerhardt Verlags, Berlin

Satz: Fotosatz Otto Gutfreund, Darmstadt
Druck und Bindung: Clausen & Bosse, Leck
Printed in Germany
ISBN 3-596-22116-1

I

Aber, so werden Sie sagen, wir baten Sie doch, über Frauen und *Fiction** zu sprechen – was hat das mit einem Zimmer für sich allein zu tun? Ich will versuchen, es zu erklären. Als Sie mich baten, über Frauen und Fiction zu sprechen, setzte ich mich an das Ufer eines Flusses und fing an, darüber nachzudenken, was mit diesen Worten gemeint sein konnte. Sie konnten bedeuten: ein paar Bemerkungen über Fanny Burney; ein paar mehr über Jane Austen; einen Beitrag über die Brontës und eine Skizze von Haworth Parsonage im Schnee; ein paar treffende Bemerkungen, wenn möglich, über Miss Mitford; einen respektvollen Hinweis auf George Eliot; einen Hinweis auf Mrs. Gaskell, und man wäre fertig. Aber auf den zweiten Blick schienen die Worte nicht so einfach. Der Titel ›Frauen und Fiction‹ konnte bedeuten – und so haben Sie es wohl gemeint – Frauen und wie sie sind; oder er könnte bedeuten, Frauen und die Fiction, die sie schreiben; oder er könnte bedeuten, Frauen und die Fiction, die über sie geschrieben wird; oder er könnte bedeuten, daß alle diese drei Fragen irgendwie unentwirrbar miteinander verbunden sind und daß Sie wollen, daß ich sie auch unter diesem Gesichtspunkt behandle. Als ich anfing, das Thema auf diese letzte Weise zu betrachten, die die interessanteste war, erkannte ich bald, daß dies einen fatalen Nachteil hatte. Ich würde niemals in der Lage sein, zu einer Schlußfolgerung zu kommen. Ich würde niemals in der Lage sein, zu erfüllen, was, soviel ich weiß, die erste Pflicht eines Dozenten ist – nämlich Ihnen nach einstündigem Diskurs ein Körnchen reiner Wahrheit auszuhändigen, das Sie in die Seiten Ihrer Notizbücher einwickeln und für immer auf dem

* Das Wort ›Fiction‹ bleibt durchgehend unübersetzt, weil es – im Gegensatz zum Deutschen – im Englischen die Unterscheidung zwischen sogenannter ›höherer‹ und ›Unterhaltungs‹-Literatur nicht gibt; mit Fiction ist jede Art von erzählender Prosa gemeint. (A. d. Ü)

Kaminsims aufheben können. Alles, was ich tun konnte, war, Ihnen eine Meinung über einen weniger wichtigen Punkt anzubieten – eine Frau muß Geld haben und ein Zimmer für sich allein, wenn sie Fiction schreiben will; und das läßt, wie Sie sehen werden, das große Problem der wahren Natur der Frau und der wahren Natur von Fiction ungelöst. Ich habe mich vor der Pflicht, über diese beiden Fragen zu einem Schluß zu kommen, gedrückt – Frauen und Fiction bleiben, soweit es mich betrifft, ungelöste Probleme. Um sie aber ein wenig zu entschädigen, werde ich mein Bestes tun, Ihnen zu zeigen, wie ich zu dieser Meinung über Zimmer und Geld kam. Ich werde den Gedankengang, der mich dazu brachte, so zu denken, so ausführlich und freizügig, wie ich nur kann, vor Ihnen entwickeln. Wenn ich die Vorstellungen, die Vorurteile offenlege, die hinter dieser Behauptung liegen, werden Sie vielleicht erkennen, daß sie zum einen Teil mit Frauen, zum anderen Teil mit Fiction zu tun haben. Auf jeden Fall kann man, wenn ein Gegenstand sehr umstritten ist – und jede Frage, die mit dem Geschlecht zu tun hat, ist das –, nicht darauf hoffen, die Wahrheit zu sagen. Man kann seiner Zuhörerschaft nur Gelegenheit geben, ihre eigenen Schlüsse zu ziehen, indem sie die Beschränkungen, die Vorurteile, die Idiosynkrasien des Redners wahrnimmt. Fiction scheint in diesem Fall mehr Wahrheit zu enthalten als Fakten. Ich schlage daher vor, daß ich, indem ich alle Freiheiten und Konzessionen eines Romanautors in Anspruch nehme, Ihnen die Geschichte der beiden Tage, die meiner Ankunft hier vorausgingen, erzähle – wie ich, gebeugt vom Gewicht des Themas, welches Sie mir auf die Schultern luden, über dieses nachdachte und es in meinem Alltag arbeiten und wieder aus ihm hervortreten ließ. Ich muß Ihnen nicht erst sagen, daß das, was ich Ihnen jetzt beschreibe, nicht wirklich existiert. Oxbridge ist eine Erfindung; Fernham ebenso; ›ich‹ ist nur ein bequemer Ausdruck für jemanden, den es nicht wirklich gibt. Es werden Lügen über meine Lippen fließen, aber es könnte sich auch ein Körnchen Wahrheit daruntergemischt haben; es ist Ihre Aufgabe, diese Wahrheit herauszufinden und zu entscheiden, ob irgend etwas davon des Aufhebens wert ist. Wenn nicht, werden Sie natürlich das Ganze in den Papierkorb werfen und es vergessen. Da war ich nun vor ein oder zwei Wochen (nennen Sie mich Mary Beton, Mary Seton, Mary Carmichael oder wie immer Sie wollen – das ist unwichtig), saß bei herrlichem Oktoberwetter am Ufer eines Flusses, in Gedanken verloren. Dieses Joch, von dem ich sprach, Frauen und Fiction, die Notwendigkeit, über ein Thema zu einem Schluß zu kommen, das alle Arten von Vorurteilen und Leidenschaften hervorruft, beugte mein Haupt zu Boden. Rechts und links von mir glühten irgendwelche Büsche, karmesinrot und golden, schienen, von der Hitze entfacht, in Flammen zu stehen. Am entfernteren Ufer trauerten Weiden in unaufhörlicher Klage, ihr Haar umhüllte ihre Schultern. Was immer von Himmel und Brücke und flammendem Baum ihm gefiel, spiegelte der Fluß wider, und wenn der Student sein Boot durch die Spiegelbilder hindurchgerudert hatte, schlossen sie sich wieder, vollständig, als hätte es ihn nie gegeben. Man hätte dort rund um die Uhr sitzen können, in Gedanken verloren. Mein Denken – um es bei einem stolzeren Namen zu nennen als es verdient – hatte seinen Weg bis hinab in den Strom genommen. Minute um Minute wiegte es sich zwischen den Spiegelbildern und dem Grün, hin und her, ließ sich vom Wasser heben und senken, bis – Sie kennen diese kleine Anstrengung – es am Ende seines Weges zu einer Idee zusammentrat: und dann das vorsichtige Einholen und das behutsame Ausbreiten am Ufer. Ach, nachdem er auf dem Gras ausgebreitet lag, wie klein wie unbedeutend sah da mein Gedanke aus; er war von jener Sorte Fisch, die der Fischer wieder ins Wasser zurückwirft, damit er dicker und größer werde und eines Tages das Kochen und Essen wert sei. Ich will Sie mit diesem Gedanken jetzt nicht länger beschäftigen, obwohl Sie, wenn Sie genau hinschauen, ihn im Laufe dessen, was ich noch sagen werde, selbst herausfinden werden.

Aber so klein er war, hatte er doch die geheimnisvolle Eigentümlichkeit seiner Art – kaum wieder ins Gedächtnis gerufen, wurde er sofort aufregend und wichtig; und während er auffuhr und niedersank und blitzartig hin und her schoß, rief er eine solche Schwemme, einen solchen Aufruhr von Einfällen hervor, daß es unmöglich war, still sitzen zu

bleiben. Und so ertappte ich mich dabei, wie ich in äußerster Geschwindigkeit über eine große Rasenfläche ging. Sofort erhob sich die Gestalt eines Mannes, um mich abzufangen. Zunächst verstand ich nicht, daß das Gestikulieren eines merkwürdig aussehenden Objekts in Gehrock und Galahemd auf mich zielte. Sein Gesicht zeigte den Ausdruck von Entsetzen und Empörung. Mehr mein Instinkt als mein Verstand kam mir zu Hilfe; er war Pedell, ich eine Frau. Dies war der Rasen; der Weg war dort. Nur die Mitglieder des Kollegiums und die Studenten durften hier gehen; mein Platz war der Kies. Solche Gedanken waren Werk eines Augenblicks. Als ich mich wieder auf dem Kiesweg befand, sanken die Arme des Pedells herab, sein Gesicht nahm wieder den gewohnten Ausdruck der Ausgeglichenheit an, und obwohl man auf Rasen besser läuft als auf Kies, war kein großer Schaden entstanden. Der einzige Vorwurf, den ich gegen die Kollegiumsmitglieder und Studenten dieses Colleges (welches es auch sein mochte) vorbringen konnte, war, daß sie in Verteidigung ihres Rasens, der dreihundert Jahre hindurch unaufhörlich gerollt worden war, meinen kleinen Fisch in sein Versteck zurückgejagt hatten.
Welcher Gedanke mich zu einer so kühnen Übertretung veranlaßt hatte, daran konnte ich mich nun nicht mehr erinnern. Der Geist des Friedens senkte sich wie eine Wolke vom Himmel hernieder, denn wenn der Geist des Friedens irgendwo wohnt, so an einem schönen Oktobermorgen in den Vorhöfen und Innenhöfen von Oxbridge. Während ich durch diese Colleges schlenderte, vorüber an den alten Studienhäusern, war die Härte der Gegenwart gewichen; der Körper schien umgeben von einem wundersamen Glashaus, in das kein Laut dringen konnte, und der Geist, von jedem Kontakt mit Fakten befreit, konnte (falls man nicht noch einmal den Rasen betrat) sich wieder jeder beliebigen Meditation frei zuwenden, die mit dem Augenblick harmonierte. Wie der Zufall es wollte, brachte eine verirrte Erinnerung an irgendeinen alten Essay über den Wiederbesuch von Oxbridge in den großen Ferien mit Charles Lamb in den Sinn – Sankt Charles, wie Thackeray sagte, indem er einen Brief von Lamb an die Stirn legte. Es ist wahr, von allen Verstorbenen (ich gebe Ihnen meine Gedanken so wieder,

Virginia

wie sie mir einfielen) ist Lamb einer der kongenialsten; einer, zu dem man gern gesagt hätte, sagen Sie mir doch, wie Sie Ihre Essays geschrieben haben! Denn seine Essays sind sogar denen von Max Beerbohm mit ihrer ganzen Perfektion überlegen, dachte ich, wegen ihres wilden Aufleuchtens der Phantasie, jenem Blitzschlag des Genies mitten im Text, was sie unvollkommen und voller Brüche bleiben läßt, aber sternenbestickt mit Poesie. Lamb kam vor etwa 100 Jahren nach Oxbridge. Mit Sicherheit schrieb er einen Essay – der Titel ist mir entfallen – über das Manuskript eines Gedichts von Milton, das er hier sah. Vielleicht war es *Lycidas,* und Lamb beschrieb, wie sehr ihn der Gedanke erschreckte, daß es möglich sei, daß auch nur ein einziges Wort in *Lycidas* hätte anders sein können als es dort stand. Der bloße Gedanke, daß Milton in diesem Gedicht Worte hätte ändern können, erschien ihm als eine Art Sakrileg. Dies veranlaßte mich, mich so gut ich konnte, an *Lycidas* zu erinnern und mich damit zu unterhalten, zu raten, welches Wort Milton vielleicht geändert hätte und warum. Mir fiel ein, daß genau jenes Manuskript, das Lamb sich angesehen hatte, nur ein paar hundert Meter entfernt lag, so daß man Lambs Fußstapfen über den Collegehof zu der berühmten Bibliothek folgen konnte, wo die Kostbarkeit aufbewahrt wird. Außerdem, so erinnerte ich mich, während ich diesen Plan ausführte, wird in dieser berühmten Bibliothek auch das Manuskript von Thackerays *Esmond* aufbewahrt. Die Kritiker sagen oft, daß *Esmond* Thackerays vollkommenster Roman ist. Aber die Affektiertheit des Stils, seine Nachahmung des 18. Jahrhunderts, wirkt etwas störend, soweit ich mich erinnern kann; sofern nicht der Stil des 18. Jahrhunderts für Thackeray natürlich war – eine Tatsache, die man überprüfen konnte, indem man sich das Manuskript daraufhin ansah, ob die Änderungen zugunsten des Stils oder zugunsten des Inhalts gemacht worden waren. Aber dann würde man zu entscheiden haben, was Stil ist und was Inhalt, eine Frage, die – aber an dieser Stelle langte ich an der Tür an, die in die Bibliothek führte. Ich muß sie wohl geöffnet haben, denn sofort erschien wie ein Schutzengel, der mit flatterndem schwarzem Gewand anstelle von weißen Flügeln mir den Weg versperrte, ein abweisender, silberhaariger, freundlicher alter Herr, bedauerte mit leiser Stimme, während er mich hinauswinkte, daß Damen in die Bibliothek nur zugelassen sind, wenn sie von einem Kollegiumsmitglied begleitet werden oder ein Empfehlungsschreiben haben.

Daß die berühmte Bibliothek von einer Frau verflucht worden ist, ist für eine berühmte Bibliothek ohne jeden Belang. Ehrwürdig und gelassen, all ihre Schätze sicher in ihrer Brust verschlossen, schlummert sie selbstzufrieden, und wird, was mich betrifft, so ewig weiterschlafen. Nie wieder werde ich jene Echos wecken, nie wieder werde ich um solche Gastfreundschaft bitten, schwor ich, als ich wütend die Stufen hinabstieg. Noch eine Stunde bis zur Essenszeit, was konnte man tun? Über die Wiesen schlendern? Am Fluß sitzen? Gewiß, es war ein wunderschöner Oktobermorgen; die Blätter flatterten rot zu Boden; es war kein großes Unglück, eines von beiden zu tun. Aber Musik schlug an mein Ohr. Ein Festgottesdienst war im Gange. Die Orgel klagte großartig, als ich an der Kirchentür vorüberging. Sogar das Leid der Christenheit klang in der stillen Luft mehr nach einer Erinnerung an Leid als nach dem Leide selbst; sogar das Ächzen der alten Orgel schien liebevoll in Frieden gehüllt. Ich verspürte nicht den Wunsch, einzutreten, falls ich dazu berechtigt war, denn diesmal hätte mich vielleicht der Kirchendiener aufgehalten und entweder nach meinem Taufschein gefragt oder nach einem Empfehlungsschreiben des Domkapitulars. Aber das Äußere solcher großartigen Gebäude ist oft ebenso schön wie das Innere. Außerdem war es recht unterhaltend, zu sehen, wie sich die Gemeinde sammelte, hineinging und wieder herauskam, an der Kapellentür geschäftig war wie die Bienen am Flugloch des Bienenkorbes. Viele trugen die Viereckmützen und den weiten Mantel der Studenten; manche hatten Pelzkragen um die Schultern gelegt; andere wurden im Rollstuhl gefahren; wieder andere, obwohl noch im besten Alter, schienen in so merkwürdige, seltsame, sonderbare Formen geknickt und gepreßt, daß man mehr an jene Riesenkrebse und Langusten erinnert wurde, die sich nur mit Mühe über den Sand eines Aquariums hieven. Während ich so an der Wand lehnte, schien die Universität tatsächlich wie ein Sanktuarium, in dem seltene Exemplare aufbewahrt werden, die bald aussterben würden, wenn sie auf dem Pflaster des *Strand* den Kampf ums Leben führen müßten. Alte Geschichten von alten Dekanen und alten Kollegiaten kamen mir in Erinnerung, aber noch ehe ich Mut gesammelt hatte zu pfeifen – man pflegte zu sagen, daß beim Ertönen einer Pfeife alte Professoren sofort in Galopp verfallen –, war die ehrwürdige Versammlung hineingegangen. Blieb das Äußere der Kirche. Wie Sie wissen, kann man ihre hohen Kuppeln und Fialen, wie ein Segelschiff auf der Reise und nie am Ziel, des Nachts beleuchtet und meilenweit sichtbar, bis weit über die Hügel sehen. Dieses rechteckige Anwesen mit seinen weichen Rasenflächen im Innenhof, seinen massiven Gebäuden und der Kirche selbst war sicher früher auch einmal Marschland gewesen, auf dem Gräser im Winde schwankten und Schweine wühlten. Pferde- und Ochsengespanne, dachte ich, müssen die Steinquader aus fernen Landen auf Wagen herangeschleppt haben, und dann wurden die grauen Quader, in deren Schatten ich jetzt stand, mit unendlicher Mühe einer über den anderen zusammengefügt, und dann brachten die Maler ihr buntes Glas für die Fenster und die Zimmerleute waren über Jahrhunderte auf dem Dach mit Kalkkitt und Zement, Schaufel und Maurerkelle am Werk. Jeden Samstag muß jemand aus einem Lederbeutel Gold und Silber in ihre alten Fäuste geschüttet haben, denn dann saßen sie vermutlich bei Bier und Kegelspiel für einen Abend. Ein endloser Strom von Gold und Silber, dachte ich, muß ständig in diesen Hof geflossen sein, um immer wieder Steine kommen zu lassen und die Maurer an der Arbeit zu halten; um zu nivellieren, Gräben zu ziehen, zu graben und zu entwässern. Aber das war im Zeitalter des Glaubens und das Geld wurde freizügig ausgeschüttet, um diese Steine auf ein tiefreichendes Fundament zu setzen, und als die Quader aufeinandergesetzt waren, wurde noch mehr Geld aus den Truhen der Könige und Königinnen und großen Adligen ausgeschüttet, um sicherzustellen, daß hier Hymnen gesungen und Studenten gelehrt würden. Ländereien wurden übereignet; der Zehnte gezahlt. Und als das Zeitalter des Glaubens vorüber war und das Zeitalter der Vernunft begann, ging der gleiche Strom von Gold und

Silber weiter: Stipendienstiftungen wurden gegründet; außerordentliche Professuren eingerichtet; nur, daß Gold und Silber nicht mehr aus den Truhen der Könige flossen, sondern aus den Kassetten der Kaufleute und Fabrikanten, aus den Geldbeuteln von Männern, die, sagen wir mal, in der Industrie ein Vermögen gemacht hatten und in ihren Testamenten großzügig einen reichlichen Teil davon zurückgaben, um mehr Lehrstühle, mehr außerordentliche Professuren, mehr Stipendien an der Universität einzurichten, an der sie ihren Beruf erlernt hatten. Daher die Bibliotheken und Laboratorien; die Observatorien; die hervorragende Ausstattung mit teuren und empfindlichen Instrumenten, die nun in Glasschränken stehen, wo vor Jahrhunderten das Gras wogte und Schweine wühlten. Gewiß, während ich über den Collegehof schlenderte, erschien das Fundament aus Gold und Silber tief genug; das Pflaster dauerhaft genug über das wilde Gras gelegt. Männer mit Tabletts auf dem Kopf liefen geschäftig von Treppe zu Treppe. Prunkvolle Pflanzen blühten in den Blumenkästen. Der Ton der Grammophone dröhnte aus den Zimmern. Es war unmöglich, nicht nachzudenken – aber worüber man auch gerade nachdachte, man wurde unterbrochen. Die Turmuhr schlug. Es war Zeit, sich auf den Weg zum Mittagessen zu machen.

Es ist eine merkwürdige Tatsache, daß Romanciers so eine Art haben, uns glauben zu machen, daß Luncheon-Parties ausnahmslos bemerkenswert seien, weil irgend etwas Geistreiches gesagt, oder weil etwas Kluges getan wurde. Aber selten verschwenden sie ein Wort daran, zu berichten, was gegessen wurde. Es gehört zur Konvention des Romanciers, Suppe und Lachs und Enten nicht zu erwähnen, als ob Suppe und Lachs und Enten ohne jede Bedeutung wären, als ob niemand je eine Zigarre rauchte oder ein Glas Wein tränke. An dieser Stelle aber werde ich mir die Freiheit nehmen, diese Konvention zu brechen, und Ihnen erzählen, daß das Essen in diesem Fall mit Lachs begann, der in einen tiefen Teller versenkt war, über den der Collegekoch eine Steppdecke aus weißester Sahne gebreitet hatte, die nur hier und da mit braunen Flecken gesprenkelt war wie die Flecken auf den Flanken eines Rehs. Danach kamen die Rebhühner, aber wenn Ihnen dabei ein paar kahle, braune Vögel auf einem Teller vorschweben, dann irren Sie sich. Die Rebhühner, zahlreich und sehr verschieden, kamen mit ihrem ganzen Gefolge von Saucen und Salaten, scharfen und süßen, alles in der richtigen Reihenfolge; die Kartoffeln dazu, in Scheiben so dünn wie Münzen, aber nicht so hart; der Rosenkohl, blattreich wie Rosenknospen, aber praller. Und kaum war der Braten und sein Gefolge verspeist, als der schweigsame Diener – vielleicht der Pedell persönlich, nur in milderer Gestalt – uns eine Süßspeise, in Servietten gehüllt, vorsetzte, die alles Vorangegangene übertraf. Sie Pudding zu nennen und mit Reis und Tapioka in Verbindung zu bringen, wäre eine Beleidigung. Inzwischen hatten sich die Wangen der Weingläser erst gelb, dann rosa getönt; waren geleert worden; waren gefüllt worden. Und so wurde schrittweise, das halbe Rückgrat hinab, welches der Sitz der Seele ist, ein Licht entzündet, nicht das kleine elektrische Licht, das wir Scharfsinn nennen, wenn es über unsere Lippen ein- und aussprüht, sondern ein tieferes, subtileres, unterirdisches Glühen, die reiche, gelbe Flamme intellektuellen Austausches. Kein Zwang zur Eile. Kein Zwang zu glänzen. Nicht nötig, irgend etwas anderes zu sein als man selbst. Wir kommen alle in den Himmel und Vandyck ist mit von der Partie – mit anderen Worten, wie gut schien das Leben zu sein, wie süß sein Lohn, wie trivial dieser Groll oder jener Kummer, wie bewundernswert Freundschaft und die Gesellschaft von seinesgleichen, wenn man, eine gute Zigarette anzündend, in seiner Fensterecke in die Kissen sank.

Wenn glücklicherweise ein Aschenbecher zur Hand gewesen wäre, wenn man nicht statt dessen die Asche aus dem Fenster geschnippt hätte, wenn die Dinge ein bißchen anders gelaufen wären, als sie es nun taten, dann hätte man wahrscheinlich nicht die Katze ohne Schwanz gesehen. Der Anblick dieses abrupt abbrechenden, verstümmelten Tieres, das auf sanften Pfoten über den Collegehof lief, ließ durch einen glücklichen Zufall der unbewußten Intelligenz auf einmal alles in einem anderen gefühlsmäßigen Licht erscheinen. Es war, als ob jemand über alles Schatten hätte fallen lassen. Vielleicht hatte der exzellente Rheinwein in seiner Wirkung nachgelassen. Zweifellos, während ich die Manx-Katze sich mitten auf dem Rasen niederlassen sah, als zweifle auch sie am Universum, schien etwas zu fehlen, schien etwas anders zu sein. Aber was fehlte denn, was war anders, fragte ich mich, während ich dem Gespräch folgte? Und um diese Frage zu beantworten, mußte ich mich in Gedanken nach draußen versetzen, zurück in die Vergangenheit, sogar bis in die Zeit vor dem Kriege, und mir das Modell einer anderen Luncheon-Party vor Augen führen, die in Räumen gegeben worden war, die von diesen hier nicht allzu weit entfernt lagen; aber anders waren. Alles war anders. Inzwischen ging das Gaspräch unter den Gästen weiter, die zahlreich waren und jung, einige dieses Geschlechts, andere vom anderen; es floß munter fort, es verlief angenehm, ungezwungen, unterhaltsam. Und während es so fortging, setzte ich es gegen den Hintergrund jenes anderen Gesprächs, und als ich die beiden miteinander verglich, hatte ich keinen Zweifel, daß das eine der Abkömmling, der legitime Erbe des anderen war. Nichts hatte sich geändert; nichts war anders, außer – hier lauschte ich angestrengt, nicht so sehr auf das, was gesagt wurde, sondern auf das Murmeln oder Strömen dahinter. Ja, da war es – dies war die Veränderung. Vor dem Krieg hätten Leute auf einer Luncheon-Party genau dieselben Dinge gesagt, aber sie hätten anders geklungen, weil sie in jenen Tagen begleitet gewesen wären von einer Art Summen, das undeutlich aber musikalisch, aufregend war, das den Wert der Worte veränderte. Konnte man dieses Summen in Worte fassen? Vielleicht könnte man es mit Hilfe eines Dichters. Es lag ein Buch neben mir, ich schlug es auf, blätterte und stieß zufällig auf Tennyson. Und hier fand ich, was Tennyson sang:

Leuchtend ist eine Träne gefallen
  Von der Passionsblume ins Moos.
Sie kommt, meine Taube, die feinste von allen;
  Sie kommt, mein Leben, mein Los.
Die rote Rose ruft: ›Sie naht.‹
  Die weiße Rose weint: ›Sie ist spat.‹
Der Rittersporn horcht: ›Sie kommt zum Garten.‹
  Die Lilie flüstert: ›Ich kann warten.‹

War es das, was Männer auf Luncheon-Parties vor dem Krieg summten? Und die Fauen?

Mein Herz ist wie ein singender Vogel
  Des Nest gebaut an rauschendes Wehr.
Mein Herz ist wie ein Apfelbaum
  mit Ästen hangend von Früchten schwer.
Mein Herz ist wie eine schimmernde Muschel,
  friedlich treibend durch stilles Meer.
Mein Herz ist nimmermehr beklommen,
  weil mein Liebster ist gekommen.

War es das, was Frauen auf Luncheon-Parties vor dem Krieg summten? Es lag etwas so Lächerliches darin, zu denken, daß Leute solche Dinge vor dem Krieg auf Luncheon-Parties, wenn auch nur leise, summten, daß ich laut lachen und mein Lachen erklären mußte, so daß ich auf die Manx-Katze wies, die ein bißchen absurd aussah, das arme Tier, ohne Schwanz, so mitten auf dem Rasen. War sie wirklich so geboren, oder hatte sie den Schwanz durch einen Unfall verloren? Die schwanzlose Katze ist, obwohl man sagt, daß es einige davon auf der Isle of Man gibt, seltener als man glaubt. Sie ist ein eigenartiges Tier, eher seltsam als schön. Es ist merkwürdig, wieviel ein Schwanz ausmacht – sie wissen, was man so alles sagt, während eine Gesellschaft aufbricht und die Leute ihre Mäntel und Hüte suchen.

Diese hier hatte, dank der Gastfreundlichkeit des Gastgebers, bis tief in den Nachmittag gedauert. Der wunderschöne Oktobertag verblich, und in der Allee, durch die ich schritt, fielen die Blätter von den Bäumen. Tor um Tor schien seine Gitter mit sanfter Endgültigkeit hinter mir zu schließen. Zahllose Pedelle führten zahllose Schlüssel in wohlgeölte Schlösser; die Schatzkammer wurde für eine weitere Nacht gesichert. Nach der Allee tritt man hinaus auf eine offene Landstraße – ich vergaß ihren Namen –, die einen, wenn man die richtige Abzweigung nimmt, nach Fernham bringt. Aber es war noch viel Zeit. Abendessen gab es erst gegen halb acht. Man brauchte fast kein Abendessen nach einem solchen Luncheon. Es ist seltsam, wie ein Stück Poesie einem im Kopf herumgeht und die Beine sich im

Rhythmus dazu bewegen, die Landstraße entlang. Diese Worte:

Leuchtend ist eine Träne gefallen
  Von der Passionsblume ins Moos.
Sie kommt, meine Taube, die feinste von allen –

sangen mir im Blut, während ich rasch auf Headingley zuschritt. Und dann, ins andere Metrum wechselnd, sang ich, wo die Wasser vom Wehr zum Schaum geschlagen werden:

Mein Herz ist wie ein singender Vogel
  Das Nest gebaut an rauschendes Wehr.
Mein Herz ist wie ein Apfelbaum...

Was für Dichter, rief ich laut, wie man es in der Dämmerung tut, was waren das für Dichter!

In einer Art stellvertretender Eifersucht für unser eigenes Zeitalter, nehme ich an, so töricht und absurd solche Vergleiche auch sein mögen, fragte ich mich weiter, ob man allen Ernstes zwei heute lebende Dichter nennen könnte, die so groß wären wie damals Tennyson und Christina Rossetti. Offensichtlich ist das unmöglich, dachte ich, indem ich in die schäumenden Wasser schaute, sie zu vergleichen. Der wahre Grund, warum einen diese Dichtung so bis zur Hingabe, so bis zur Ekstase erregt, ist, daß sie ein Gefühl zelebriert, das man früher häufig einmal zu haben pflegte (auf Luncheon-Parties vor dem Krieg zum Beispiel), so daß man mit Leichtigkeit und Vertrautheit darauf reagiert, ohne sich die Mühe zu machen, dieses Gefühl zu überprüfen oder es mit irgendeinem anderen zu vergleichen, das man heute hat. Aber die lebenden Dichter drücken ein Gefühl aus, das in uns neu geweckt und sogleich aus uns herausgepreßt wird. Man erkennt es zunächst einmal gar nicht; oft hat man aus irgendeinem Grunde Angst vor ihm; man beobachtet es mit Strenge und vergleicht es eifersüchtig und mißtrauisch mit dem alten Gefühl, das man von früher kennt. Daher rührt die Schwierigkeit moderner Dichtung; und genau wegen dieser Schwierigkeit kann man von einem guten modernen Dichter nicht mehr als zwei aufeinanderfolgende Zeilen behalten. Aus diesem Grund – weil mein Gedächtnis mich verließ – erlahmte die Auseinandersetzung, aus Mangel an Material. Aber warum, fuhr ich fort, während ich weiter auf Headingley zuschritt, haben wir aufgehört, auf Luncheon-Parties leise vor uns hinzusummen? Warum hat Alfred aufgehört zu singen:

Sie kommt, meine Taube, die feinste von allen?

Warum hat Christian aufgehört zu antworten:

Mein Herz ist nimmermehr beklommen,
weil mein Liebster ist gekommen.

Sollen wir den Krieg dafür verantwortlich machen? Als im August 1914 die Gewehre zu feuern begannen, standen da die Gesichter von Männern und Frauen einander so nackt vor Augen, daß die Romanze getötet wurde? Gewiß war es ein Schock (besonders für die Frauen mit ihren Illusionen über Erziehung und so weiter), die Gesichter unserer Beherrscher im Licht der Granatfeuer zu sehen. So häßlich sahen sie aus – Deutsche, Engländer, Franzosen –, so stupide. Aber man möge verantwortlich machen, was man will, wen man will, die Illusion, die Tennyson und Christina Rossetti inspirierte, so leidenschaftlich über die Ankunft der geliebten Person zu singen, ist heute weitaus seltener als damals. Man muß nur lesen, schauen, hinhören, sich erinnern. Aber warum von ›verantwortlich machen‹ reden? Warum nicht, wenn es eine Illussion war, die Katastrophe, welcher Art sie auch war, preisen, weil sie die Illusion zerstörte und Wahrheit an ihre Stelle setzte? Denn Wahrheit... diese Punkte markieren die Stelle, wo ich, auf der Suche nach Wahrheit, die Abzweigung nach Fernham übersah. Ja, wirklich, was war Wahrheit und was Illusion, fragte ich mich? Was war die Wahrheit über diese Häuser zum Beispiel, die jetzt blaß und festlich waren mit ihren roten Fenstern in der Abenddämmerung, aber rauh und rot und schmuddelig mit ihren Küchenkräutern, Süßspeisen und Schuhriemen um neun Uhr morgens? Und die Weiden und der Fluß und die Gärten, die bis zum Fluß hinabreichen, vage jetzt im darüber hinziehenden Nebel, aber golden und rot im Sonnenlicht – welches war die Wahrheit, welches die

Illusion über sie? Ich erspare Ihnen die Drehungen und Windungen meiner Überlegungen, denn auf der Landstraße nach Headingley wurde keine Lösung gefunden, und ich bitte Sie, mir zu glauben, daß ich meinen Irrtum in bezug auf die Abzweigung bald herausfand und meine Schritte wieder in Richtung Fernham lenkte.

Da ich schon gesagt habe, daß es ein Oktobertag war, möchte ich Ihre Achtung nicht verwirken und auch nicht den guten Ruf der Fiction gefährden, indem ich die Jahreszeit wechsle und nun den Flieder beschreibe, der über die Gartenmauer hängt, von Krokussen, Tulpen und Frühlingsblumen rede. Fiction muß sich an die Fakten halten, und je wahrheitsgetreuer die Fakten sind, desto besser die Fiction – sagt man. Darum war es noch immer Herbst und die Blätter waren noch immer gelb und fielen zu Boden, wenn überhaupt, dann ein bißchen schneller als zuvor, weil es nun Abend war (sieben Uhr zweiunddreißig, um genau zu sein) und sich ein leichter Wind (aus Südwest, um exakt zu sein) erhoben hatte. Aber bei alledem ging etwas Merkwürdiges vor sich:

Mein Herz ist wie ein singender Vogel,
  Des Nest gebaut an rauschendes Wehr.
Mein Herz ist wie ein Apfelbaum
  Mit Ästen hangend von Früchten schwer.

Vielleicht waren die Worte von Christina Rossetti teilweise verantwortlich für die Torheit des Einfalls – und es war natürlich nur ein Einfall –, daß der Flieder seine Blüten über die Gartenmauer wiegte und die Zitronenfalter hin und her taumelten und die Luft voller Blütenstaub war. Es wehte ein Wind, ich weiß nicht aus welcher Himmelsrichtung, aber er hob die halbentwickelten Blätter an, so daß ein Aufblitzen von Silbergrau in der Luft war. Es war die Zeit des Zwielichts, in der die Farben intensiver werden und Dunkelrot und Goldtöne in den Fensterscheiben brennen wie das Schlagen eines leicht erregbaren Herzens; als aus irgendeinem Grund sich die Schönheit der Welt enthüllte, um doch sogleich zu vergehen (an dieser Stelle bog ich in den Garten ein, denn die Tür stand unklugerweise offen und es schienen keine Pedells in der Nähe zu sein), die Schönheit der Welt, die so bald vergehen muß, hat zwei Seiten, eine des Lachens und eine des Schmerzes, der einem ins Herz schneidet. Die Gärten von Fernham lagen vor mir in der Frühlingsdämmerung, wild und offen, und im hohen Gras, verstreut und sorglos ausgesät, standen Gänseblümchen und Glockenblumen, nicht sehr ordentlich vielleicht und nicht zum rechten Zeitpunkt, und nun vom Wind bewegt und sich wiegend, während sie an ihren Wurzeln zerrten. Die Fenster des Hauses, wie Bullaugen gerundet, zwischen großzügigen Wellen aus rotem Ziegelstein, wechselten unter dem Flug der schnellen Frühlingswolken die Farbe von Zitronengelb zu Silber. Jemand lag in einer Hängematte, jemand anderes, halb erraten, halb gesehen – aber in diesem Licht waren sie alle Phantome – rannte über den Rasen – würde niemand sie aufhalten? – und dann, als wollte sie hinauslaufen, um frische Luft zu schöpfen und einen Blick auf den Garten zu werfen, kam eine gebeugte Figur, furchterregend, doch bescheiden, mit hoher Stirn und in abgetragenem Kleid – konnte es die berühmte Kollegiatin sein, konnte es J. H. selbst sein? Alles war verschwommen, doch war es auch intensiv, als sei der Schleier, den die Dämmerung über den Garten geworfen hatte, von einem Stern oder Schwert zertrennt worden – und als trete, wie es so ihre Art ist, aus dem Herzen des Frühlings eine schreckliche Wahrheit blitzartig hervor. Denn Jugend –

Da kam meine Suppe. Das Abendessen wurde im großen Speisesaal serviert. Von Frühling konnte keine Rede sein, es war ein Abend im Oktober. Alle waren im großen Speisesaal versammelt. Das Abendessen war bereit. Es kam die Suppe. Es war eine klare Fleischbrühe. Daran war nichts, was die Phantasie hätte anregen können. Man konnte durch die klare Flüssigkeit hindurch jedes Muster sehen, das vielleicht auf dem Boden des Tellers war. Aber er hatte kein Muster. Der Teller war schmucklos. Als nächstes kam das Rindfleisch mit dem dazugehörigen Gemüse und Kartoffeln – eine Hausmacherkost-Dreifaltigkeit, die an die Viehrümpfe auf einem schmuddeligen Markt erinnerte, und an Rosenkohl,

vergilbt und an den Rändern eingerollt, und an Handeln und Preisdrücken und an Frauen mit Einkaufsnetzen am Montagmorgen. Es gab keinen Grund, sich über die tägliche Nahrung der Menschheit zu beklagen, da man sah, daß das Vorhandene ausreichte und daß Bergarbeiter ganz sicher weniger hatten. Backpflaumen und Eierrahm folgten. Und wenn irgend jemand sich beklagt, daß Backpflaumen, auch wenn durch eine Sauce gemildert, ein liebloses Gemüse seien (ein Obst sind sie nicht), zäh wie das Herz eines Geizhalses und eine Flüssigkeit ausschwitzend, wie sie in den Adern eines Geizhalses rinnen mag, der sich achtzig Jahre hindurch Wein und Wärme versagt und doch nichts den Armen gegeben hat, der sollte bedenken, daß es Leute gibt, deren Mildtätigkeit sogar die Backpflaume einschließt. Als nächstes kamen Kekse und Käse und bei dieser Gelegenheit wurde die Wasserkaraffe freigiebig herumgereicht, denn es gehört zur Natur der Kekse, trocken zu sein, und diese waren Kekse durch und durch.
Das war alles. Die Mahlzeit war beendet. Jeder schob seinen Stuhl zurück; die Schwingtüren schwangen heftig hin und her; bald war der Saal leer von jeglichem Zeichen von Nahrung und wurde sicher für das Frühstück am nächsten Morgen vorbereitet.

Türenschlagend und singend ging Englands Jugend die Korridore hinab und die Treppen hinauf. Und stand es einem Gaste an, einem Fremden (denn ich hatte in Fernham nicht mehr Rechte als in Trinity oder Somerville oder Girton oder Newnham oder Christchurch) zu sagen, ›Das Abendessen war nicht gut‹, oder zu sagen (wir waren jetzt, Mary Seton und ich, in ihrem Wohnzimmer), ›hätten wir nicht hier oben allein essen können?‹, denn wenn ich irgend etwas dieser Art gesagt hätte, dann hätte ich meine Nase in die interne Ökonomie eines Hauses stecken müssen, das dem Fremden einen so schönen Anblick von Fröhlichkeit und Mut bietet. Nein, man konnte nichts dergleichen sagen. In der Tat ermattete die Unterhaltung für einen Augenblick. So wie der Mensch nun einmal gebaut ist, Herz, Körper und Gehirn, alle miteinander verbunden und nicht in getrennten Abteilungen, wie das ganz sicher in einer Million Jahre der Fall sein wird, ist ein gutes Abendessen für ein gutes Gespräch von großer Bedeutung. Man kann nicht gut denken, nicht gut lieben, nicht gut schlafen, wenn man nicht gut zu Abend gegessen hat. Das Licht im Rückenmark entzündet sich nicht von Rindfleisch und Backpflaumen. Wir alle kommen vielleicht in den Himmel und Vandyck, so hoffen wir, wird uns gleich an der nächsten Ecke begegnen – das ist der ungewisse und eingeschränkte Geisteszustand, den Rindfleisch und Backpflaumen am Ende eines arbeitsreichen Tages ausbrüten. Glücklicherweise hat meine Freundin, die Naturwisschenschaften lehrte, ein Schränkchen mit einer bauchigen Flasche und ein paar kleinen Gläsern – (aber vorher hätte es Seezunge und Rebhühner geben müssen) –, so daß wir uns ans Feuer setzen und einige der Einbußen in des Tages Nahrung wieder wettmachen konnten. Kaum eine Minute später bewegten wir uns mit Leichtigkeit zwischen den Gegenständen unserer Wißbegier und unseres Interesses, die sich im Kopfe bilden, während eine bestimmte Person abwesend ist, und dann natürlich beim nächsten Zusammentreffen diskutiert werden müssen – wie, daß jemand geheiratet hat und jemand anders nicht; man denkt dies, die andere das; eine hat sich über alle Erwartungen verbessert, der anderen geht es erstaunlicherweise schlecht – mit all den Betrachtungen über die Natur des Menschen und das Wesen dieser erstaunlichen Welt, in der wir leben, die sich aus solchen Gesprächsanfängen ergeben. Während wir über diese Dinge redeten, wurde ich jedoch zu meiner Beschämung eines Stromes gewahr, der sich selbst in Gang setzte und alles mit sich forttrug zu einem ihm eigenen Ende. Man hatte vielleicht von Spanien gesprochen oder von Portugal, von Büchern oder Pferderennen, aber das wirkliche Interesse an dem, was gesagt wurde, war keines dieser Dinge, sondern eine Gruppe von Zimmerleuten auf einem hohen Dach, vor einigen fünfhundert Jahren. Könige und Adlige brachten Schätze in großen Säcken und leerten sie unter die Erde. Diese Szene entstand immer wieder vor meinem inneren Auge und setzte sich an die Stelle einer anderen von mageren Kühen und einem schmuddeligen Markt und verwehten Gräsern und den zähen Herzen alter Männer – diese beiden Bilder, obwohl verzerrt und zusammenhanglos und unsinnig, prallten immer wieder aufeinander und bekämpften einander und hielten mich gnadenlos gefangen. Das beste Verfahren war, sollte nicht die ganze Unterhaltung eine falsche Wendung bekommen, das, was mir im Kopf herumging, der frischen Luft auszusetzen, wo es mit ein bißchen Glück verbleichen und in sich zusammenfallen würde wie das Haupt des toten Königs, als sie in Windsor den Sarkophag öffneten. Kurz und gut, ich erzählte Miss Seton von den Zimmerleuten, die so viele Jahre hindurch auf dem Dach der Kirche gewesen waren, und von den Königen und Königinnen und Adligen, die Säcke voll Gold und Silber auf ihren Schultern trugen, die sie dann in die Erde schaufelten; und dann, wie die großen Geldmagnaten unserer eigenen Zeit kamen und, wie ich vermute, Schecks und Schuldverschreibungen hinterlegten, wie andere Barren und rohe Goldklumpen hinterlegt hatten. All das liegt unter jenen Colleges dort, sagte ich; aber dieses College hier, in dem wir jetzt sitzen, was liegt unter seinen stattlichen roten Klinkerziegeln und dem wilden ungepflegten Gras des Gartens? Welche Kraft steckt hinter dem schmucklosen Porzellan, von dem wir aßen und (hier entfuhr es meinen Lippen, bevor ich es zurückhalten konnte) dem Rindfleisch, dem Eierrahm und den Backpflaumen?

Nun gut, sagte Mary Seton, ungefähr um das Jahr 1860 – Oh, aber die Geschichte kennst du doch, sagte sie, von der Wiederholung, wie ich glaube, gelangweilt. Und sie erzählte mir – Zimmer wurden gemietet, Komitees gegründet. Umschläge adressiert. Rundschreiben aufgesetzt. Sitzungen abgehalten; Briefe vorgelesen; so-und-so hat so und soviel versprochen; Mrs. – dagegen wird keinen Pfennig geben. Die Saturday Review war sehr unhöflich gewesen. Wie konnten wir einen Fonds gründen, um Dienstleistungen zu finanzieren? Sollten wir einen Basar veranstalten? Ließ sich nicht ein hübsches Mädchen finden, das in der ersten Reihe sitzen könnte? Schauen wir doch mal nach, was John Stuart Mill über dieses Thema sagt. Konnte irgend jemand den Herausgeber von - - - davon überzeugen, einen Brief abzudrucken? Können wir Lady - - - dazu bringen, ihn zu unterschreiben? Lady - - - ist nicht in der Stadt. So etwa wurde es gemacht, vor schätzungsweise sechzig Jahren, und es war eine ungeheure Anstrengung und eine Unmenge Zeit wurde darauf verwendet. Und erst nach langem Kampf und unter den größten Schwierigkeiten bekamen sie 30 000 Pfund zusammen.* Darum also können wir keinen Wein haben und keine Rebhühner und keine Diener mit Zinntabletts auf dem Kopf, sagte sie. Wir können keine Sofas haben und keine Einzelzimmer. ›Die Annehmlichkeiten‹, sagte sie und zitierte aus einem Buch, ›werden warten müssen‹.** Bei dem Gedanken, wie alle diese Frauen Jahr um Jahr arbeiteten und es schwierig fanden, zweitausend Pfund zusammenzubekommen, und ihr Äußerstes taten, um 30 000 Pfund zu bekommen, gerieten wir in Zorn über die tadelnswerte Armut unseres Geschlechts. Was hatten unsere Mütter nur gemacht, daß sie uns kein Vermögen zurücklassen konnten? Ihre Nasen gepudert? Schaufenster angeschaut? In Monte Carlo in der Sonne flaniert? Es standen ein paar Fotografien auf dem Kaminsims. Marys Mutter – falls das ein Bild von ihr war – mag in ihrer Freizeit ein Schalk gewesen sein (sie hatte dreizehn Kinder von einem Geistlichen), aber falls das so war, hatte der fröhliche und an Zerstreuung reiche Teil ihres Lebens zu wenige Spuren des Vergnügens in ihrem Gesicht hinterlassen. Sie hatte einen reizlosen Körper; eine alte Dame in einem Umschlagtuch, das von einer großen Kamee zusammengehalten wurde; sie saß in einem Korbstuhl und ermunterte einen Spaniel, in die Kamera zu schauen, tat es mit dem belustigten aber doch angestrengten Gesicht jemandes, der weiß, daß der Hund sich bewegte, sobald das Blitzlicht ausgelöst wird. Wenn sie nun ins Berufsleben eingetreten wäre; Kunstseidenfabrikantin oder Börsenmagnat geworden wäre; wenn sie Fernham zwei-

* ›Man hat uns gesagt, wir sollten mindestens 30 000 Pfund verlangen ... Das war eine große Summe, wenn man bedenkt, daß es nur ein einziges College dieser Art für ganz Britannien, Irland und die Kolonien sein wird, und wenn man bedenkt, wie leicht es ist, immense Summen für Knabenschulen zusammenzubringen. Aber wenn man auch bedenkt, wie wenige Menschen wirklich wünschen, daß Frauen Bildung haben, dann ist das ziemlich viel.‹ *Lady Stephen: Emily Davies and Girton College.*

** Jeder Pfennig, der zusammengekratzt werden konnte, wurde für das Gebäude auf die Seite gelegt, und die Annehmlichkeit wurden zurückgestellt. *R. Strachey: The Cause.*

oder dreitausend Pfund hinterlassen hätte, wir hätten heute hier bequem sitzen können und unser Gesprächsgegenstand wäre Archäologie, Botanik, Anthropologie, Physik, der Aufbau der Atome, Mathematik, Astronomie, Relativitätstheorie, Geographie gewesen. Wenn Mrs. Seton und ihre Mutter und ihre Großmutter die Kunst des Geldverdienens gelernt hätten und ihr Geld, wie ihre Väter und Großväter vor ihnen, für die Gründung von Lehrstühlen und Lektorenstellen und Preisen und Stipendien hinterlassen hätten, die dem Gebrauch durch ihr eigenes Geschlecht vorbehalten gewesen wären, dann hätten wir hier oben sehr angenehm Geflügel und eine Flasche Wein zum Abendessen verzehrt, wir hätten ohne übertriebene Zuversicht ein angenehmes und ehrenvolles Leben im Schutz eines der so großzügig gestifteten Berufe erwarten können. Wir hätten geforscht oder geschrieben; wären umhergeschweift zu den ehrwürdigen Stätten dieser Erde; wären sinnend auf den Stufen des Parthenon gesessen oder um zehn in ein Büro gegangen und um halb fünf gemütlich nach Haus gekommen, um ein paar Gedichte zu schreiben. Nur, wenn Mrs. Seton und ihresgleichen im Alter von fünfzehn ins Berufsleben eingetreten wären, dann hätte es – das war der Haken in der Argumentation – keine Mary gegeben. Was, fragte ich, hielt Mary davon? Zwischen den Vorhängen stand die Oktobernacht, still und lieblich, ein Stern oder zwei hatten sich in den gilbenden Bäumen verfangen. War sie bereit, auf ihren Teil daran und auf die Erinnerungen (denn sie waren eine glückliche Familie gewesen, wenn auch eine große) an Spiele und Balgereien in Schottland oben zu verzichten, das wegen seiner guten Luft und der Qualität seiner Kuchen zu preisen sie niemals müde wird – damit Fernham mit etwa 50000 Pfund oder so auf einen Federstrich gegründet werden könnte? Denn ein College auszustatten würde die völlige Unterdrückung von Familiengründungen nötig machen. Ein Vermögen machen und dreizehn Kinder gebären – das könnte kein menschliches Wesen durchhalten. Schauen wir uns die Fakten an, sagten wir. Zuerst sind es neun Monate, bevor ein Baby geboren wird. Dann wird das Baby geboren. Dann verbringt man drei oder vier Monate damit, das Baby zu stillen. Nachdem das gestillt ist, werden mit

Sicherheit fünf weitere Jahre damit verbracht, mit dem Baby zu spielen. Man kann, wie es scheint, Kinder nicht einfach auf der Straße herumrennen lassen. Leute, die sie in Rußland wild auf der Straße haben herumrennen sehen, sagen, daß das kein erfreulicher Anblick ist. Man sagt auch, daß die menschliche Natur in den Jahren zwischen dem ersten und fünften Lebensjahr ihre Gestalt annimmt. Wenn Mrs. Seton, sagte ich, im Berufsleben gestanden hätte, welcher Art wären dann deine Erinnerungen an Spiele und Balgereien? Was hättest du von Schottland gewußt, von seiner guten Luft und den Kuchen und allem, was es da sonst noch gibt? Aber es ist sinnlos, solche Fragen zu stellen, weil du ja nie geboren worden wärst. Außerdem ist es ebenso sinnlos, zu fragen, was geschehen wäre, wenn Mrs. Seton und ihre Mutter und deren Mutter großen Reichtum angehäuft hätten und ihn unter die Fundamente des College und der Bibliothek gelegt hätten, weil es ihnen erstens unmöglich gewesen wäre, Geld zu verdienen, und weil, wäre es möglich gewesen, das Gesetz es ihnen verweigert hätte, das Geld, das sie verdienten, auch zu besitzen. Erst in den letzten 48 Jahren besitzt Mrs. Seton eigenes Geld. Durch alle Jahrhunderte davor wäre es Eigentum ihres Mannes gewesen – ein Gedanke, der vielleicht seinen Anteil daran hatte, Mrs. Seton und ihre Vorfahrinnen von der Börse fernzuhalten. Jeder Pfennig, den ich verdiene, mögen sie sich gesagt haben, wird mir weggenommen werden, und es wird nach der Weisheit meines Mannes darüber verfügt werden – vielleicht, um eine Studienstiftung zu gründen oder in Balliol oder King's einen Lehrstuhl einzurichten, so daß Geldverdienen, selbst wenn ich Geld verdienen könnte, eine Sache ist, die mich nicht sonderlich interessiert. Das überlasse ich lieber meinem Mann.

Ob nun die Schuld bei der alten Dame lag, die auf den Spaniel schaute, oder nicht, es stand außer Zweifel, daß aus dem einen oder anderen Grunde unsere Mütter ihre Sache sehr schlecht vertreten hatten. Kein Pfennig konnte für ›Annehmlichkeiten‹ auf die Seite gelegt werden; für Rebhühner und Wein, Pedelle und Rasen, Bücher und Zigarren, Bibliotheken und Muße. Nackte Wände aus dem nackten

Boden zu stampfen war alles, was sie zustande bringen konnten.
So redeten wir, während wir am Fenster standen und, wie so viele Tausende jeden Abend tun, auf die Dome und Türme der berühmten Stadt unter uns hinabschauten. Sie war sehr schön, sehr geheimnisvoll im herbstlichen Mondlicht. Die alten Steine sahen sehr weiß und ehrwürdig aus. Man dachte an all die Bücher, die da unten versammelt waren; an die Bilder von alten Prälaten und Würdenträgern, die in den holzgetäfelten Räumen hingen; an die bemalten Glasfenster, die fremdartige Globen und Halbmonde auf das Pflaster warfen; an die Fontänen und das Gras; an die stillen Räume mit Blick auf stille Collegehöfe. Und (vergeben Sie mir den Gedanken) ich dachte auch an den wundervollen Rauch und die Getränke und die tiefen Lehnsessel und die angenehmen Teppiche; an die Urbanität, die Genialität, die Würde, die das Ergebnis von Luxus und Zurückgezogenheit und Raum sind. Gewiß, unsere Mütter hatten uns mit nichts Vergleichbarem ausgestattet – unsere Mütter, die es so schwierig gefunden hatten, dreißigtausend Pfund zusammenzukratzen, unsere Mütter, die den Geistlichen in St. Andrews dreizehn Kinder geboren hatten.

So ging ich zurück in meinen Gasthof, und während ich durch die dunklen Straßen ging, dachte ich über dies und das nach, wie man es am Ende von eines langen Tages Arbeit tut. Ich grübelte darüber nach, warum Mrs. Seton kein Geld hatte, das sie uns hätte hinterlassen können; und welche Wirkung Armut auf den Geist hat; und ich dachte an die wunderlichen Herren, die ich an diesem Morgen gesehen hatte, mit Pelzkragen auf den Schultern; und ich erinnerte mich, wie, wenn man pfiff, einer von ihnen losrannte; und ich dachte an die dröhnende Orgel in der Kirche und an die geschlossenen Türen der Bibliothek; und ich dachte daran, wie unerfreulich es ist, ausgeschlossen zu sein; und ich dachte daran, wieviel schlimmer es vielleicht ist, eingeschlossen zu sein; und, indem ich an die Sicherheit und den Reichtum des einen Geschlechts dachte und an die Unsicherheit und die Armut des anderen, und an die Wirkung von Tradition und von Fehlen von Tradition auf den Geist eines Autors, dachte ich schließlich, daß es Zeit sei, die runzelige Haut des Tages, mit seinen Argumentationen und seinen Eindrücken und seinem Zorn und seinem Gelächter einzurollen und in die Büsche zu werfen. Tausend Sterne blinkten über die großen blauen Weiten des Himmels. Man schien allein zu sein mit einer unergründlichen Gesellschaft. Alle menschlichen Wesen hatten sich zum Schlafen niedergelegt – bäuchlings, horizontal, stumm. Niemand schien sich auf den Straßen von Oxbridge zu bewegen. Sogar die Hoteltür sprang auf den Druck einer unsichtbaren Hand hin auf – nicht einmal ein Hausknecht war mehr auf, mich auf mein Zimmer zu leuchten, so spät war es.

II

Die Szene, wenn ich Sie bitten darf, mir zu folgen, war nun eine andere. Noch immer fielen die Blätter, aber nun in London, nicht in Oxbridge; und ich muß sie jetzt bitten, sich ein Zimmer unter Tausenden vorzustellen, mit einem Fenster, aus dem man über die Hüte der Leute, über Lieferwagen und Motorräder hinweg in andere Fenster schauen konnte, und auf dem Tisch in diesem Zimmer ein weißes Blatt Papier, auf dem in Großbuchstaben stand FRAUEN UND FICTION, nicht mehr. Die unvermeidliche Fortsetzung des Mittag- und Abendessens in Oxbridge schien nun, unglücklicherweise, ein Besuch im Britischen Museum zu sein. Man muß sich die Mühe machen, alles herauszufiltern, was an diesen Eindrücken persönlich und zufällig ist, um so auf die reine Flüssigkeit zu kommen, das ätherische Öl der Wahrheit. Denn dieser Besuch in Oxbridge und das Mittag- und Abendessen dieses Tages hatten einen Schwarm von Fragen aufgerührt. Warum tranken Männer Wein und Frauen Wasser? Warum war ein Geschlecht so reich und das andere so arm? Welchen Einfluß hat Armut auf Fiction? Welche Voraussetzungen sind notwendig für die Schaffung von Kunstwerken? – tausend Fragen erhoben sich gleichzeitig. Aber man brauchte Antworten, nicht Fragen; und eine Antwort war nur zu erhalten, wenn man die Gelehrten und die Vorurteilslosen zu Rate zog, die sich über den Zank der Zungen und Verwirrungen des Körpers erhoben und das Ergebnis ihrer Beweisführung und Forschung in Büchern veröffentlicht haben, die im Britischen Museum zu finden sind. Wenn die Wahrheit nicht in den Regalen des Britischen Museums gefunden werden kann, wo, fragte ich mich, indem ich nach einem Notizbuch und einem Bleistift griff, wo sonst ist die Wahrheit?

So ausgestattet, so zuversichtlich und voller Forschungsdrang, begab ich mich auf die Suche nach der Wahrheit. Der Tag, obwohl nicht wirklich naß, war trübe, und die Straßen in der Nachbarschaft des Museums waren voller offener Kohlenkeller, in die sich Säcke entleerten; vierrädrige Einspänner fuhren vor und luden verschnürte Pappkartons auf dem Pflaster ab, die vermutlich die gesamte Garderobe irgendeiner schweizerischen oder italienischen Familie enthielten – auf der Suche nach Glück, einer Zuflucht oder einer anderen wünschenswerten Annehmlichkeit, wie man sie im Winter in den Hotel-Pensionen von Bloomsbury finden kann. Die üblichen rauhstimmigen Männer paradierten durch die Straßen mit Karren voller Blumentöpfe; manche riefen ihre Waren aus; andere sangen; London war wie eine Werkstatt. London war wie eine Maschine. Wir wurden alle vor- und zurückgeworfen, um auf diesem ebenen Fundament ein Muster zu bilden. Auch das Britische Museum war eine Abteilung dieser Fabrik. Die Pendeltüren schwangen auf; und da stand man, unter der riesigen Kuppel, als wäre man ein Gedanke in dieser großen kahlen Stirn, die so prunkvoll umrahmt ist von einem Band berühmter Namen. Man ging an den Ausgabetisch; man nahm ein Stück Papier; man öffnete einen Band des Katalogs und..... die fünf Punkte hier bedeuten fünf einzelne Minuten der Verblüffung, Verwunderung und Bestürzung. Haben Sie eine Ahnung, wie viele Bücher im Laufe eines Jahres über Frauen geschrieben werden? Haben Sie eine Vorstellung davon, wie viele darunter von Männer geschrieben wurden? Sind Sie sich dessen bewußt, daß Sie vielleicht das am meisten diskutierte Lebewesen des Universums sind? Da war ich mit einem Notizbuch und einem Bleistift gekommen, in der Absicht, einen Morgen mit Lesen zu verbringen, und in der Annahme, daß ich am Ende dieses Morgens die Wahrheit in mein Notizbuch übertragen haben würde. Aber ich hätte wie eine Elefantenherde und ein Gewirr von Spinnen sein müssen, dachte ich, mich verzweifelt auf Tierarten beziehend, die wegen ihrer Langlebigkeit und ihrer facettenreichen Augen berühmt sind, um es mit dem allen hier aufnehmen zu können. Ich würde Stahlklauen und einen Messingschnabel nötig haben, wollte ich auch nur die Schale durchdringen. Wie sollte ich jemals die Körnchen Wahrheit finden, die in diesen Papiermassen vergraben lagen? fragte ich mich und ließ mein Auge voller Verzweiflung die lange Liste der Titel auf- und abfliegen. Schon die Namen der Bücher gaben mir Stoff zum Nachdenken. Die Frage des Geschlechts und seiner Natur mochte Ärzte und Biologen interessieren; aber was überraschend war und schwer zu erklären, war die Tatsache, daß die Frage des Geschlechts – oder vielmehr der Frauen – auch akzeptable Essayisten anzieht, flinkfingerige Romanciers, junge Männer, die ihren M. A. gemacht haben; Männer, die keinen akademischen Grad haben; Männer die keinerlei sichtbare Qualifikation haben außer der, keine Frau zu sein. Einige dieser Bücher waren, oberflächlich betrachtet, frivol und scherzhaft; aber viele andere waren ernsthaft und prophetisch, moralisch und ermahnend. Schon wenn man nur die Titel las, drängte sich einem das Bild von zahllosen Schulmeistern, zahllosen Geistlichen auf, wie sie ihre Katheder und Kanzeln besteigen und sich mit einer Geschwätzigkeit verbreiten, die bei weitem die Zeit übersteigt, die man sonst einem Diskurs, einer Predigt über dieses Thema zubilligt. Es war ein höchst seltsames Phänomen; und offensichtlich – jetzt suche ich unter dem Buchstaben M – beschränkte es sich auf das männliche Geschlecht. Frauen schreiben keine Bücher über Männer – eine Tatsache, die ich nicht ohne Erleichterung begrüßte, denn wenn ich erst alles hätte lesen müssen, so würde die Aloë, die alle hundert Jahre nur einmal blüht, zweimal blühen müssen, bevor ich die Feder aufs Papier setzen könnte. Also traf ich eine völlig willkürliche Auswahl von etwa einem Dutzend Büchern, warf meine Bestellzettel in den Drahtkorb und wartete an meinem Schalter zwischen den anderen Suchern nach dem ätherischen Öl der Wahrheit.

Was konnte wohl der Grund sein für diese kuriose Ungleichheit, fragte ich mich, während ich Karrenräder auf die Bestellzettel malte, die vom britischen Steuerzahler für andere Zwecke zur Verfügung gestellt werden. Warum sind Frauen, nach diesem Katalog zu urteilen, so viel interessanter für Männer, als Männer es für Frauen sind? Dies schien eine besonders seltsame Tatsache zu sein, und meine Gedanken wanderten weiter, versuchten, sich das Leben von Männern vorzustellen, die ihre Zeit damit verbringen, Bücher über Frauen zu schreiben; ob sie nun alt oder jung waren, verheiratet oder unverheiratet, rotnasig oder bucklig – es war auf jeden Fall auf unbestimmte Weise schmeichelhaft, sich als Gegenstand von so viel Aufmerksamkeit zu sehen, vorausgesetzt, sie wurde nicht ausschließlich von Krüppeln und Gebrechlichen erwiesen – so grübelte ich, bis all diese frivolen Gedanken, von einer Lawine von Büchern beendet wurden, die auf den Tisch vor mir herabgeglitten kam. Nun fing das Problem erst an. Der Student, in Oxbridge in der Technik des Forschens geübt, hat ohne Zweifel eine Methode, seine Frage unbeirrt von allen Seitenpfaden vor sich her zu treiben, bis sie auf ihre Antwort zuläuft wie ein Schaf in seinen Pferch. Der Student neben mir z. B., der emsig aus einem naturwissenschaftlichen Handbuch exzerpierte, gewann, dessen war ich sicher, etwa alle zehn Minuten reine Nuggets massiven Goldes. Seine kleinen Grunzer der Befriedigung verrieten das. Wenn man aber unglücklicherweise keine Ausbildung an der Universität genossen hatte, dann flüchtet die Frage, weit davon entfernt, in ihren Pferch getrieben zu werden, wie eine aufgeschreckte Herde hin und her, über Stock und Stein, verfolgt von einer ganzen Meute Hunde. Professoren, Schulmeister, Soziologen, Geistliche, Romanciers, Essayisten, Journalisten, Männer, die keinerlei Qualifikation hatten außer der, keine Frau zu sein, jagten meine einfache und einzige Frage – Warum sind Frauen arm? –, bis aus ihr fünfzig Fragen wurden; bis die fünfzig Fragen in Panik mitten in den Strom sprangen und fortgetragen wurden. Jede Seite in meinem Notizbuch war mit Notizen vollgekritzelt. Um den Geisteszustand zu zeigen, in dem ich mich befand, will ich Ihnen einige davon vorlesen. Ich muß noch dazu sagen, daß die Seite ganz einfach FRAUEN UND ARMUT überschrieben war, in Blockbuchstaben; aber was dann folgte, las sich etwa so:

Stellung im Mittelalter der
Sitten auf den Fidji Inseln der
Als Göttinnen verehrt von
Im moralischen Sinne schwächer als

Idealismus der
Größere Gewissenhaftigkeit der
Südseeinsulaner, Pubertätsalter der
Anziehungskraft der
Als Opfergabe dargeboten für
Kleineres Gehirn der
Tiefergehendes Unterbewußtsein der
Weniger behaarter Körper der
Geistige, moralische und physische Unterlegenheit der
Kinderliebe der
Größere Lebenserwartung der
Schwächere Muskeln der
Gefühlstärke der
Eitelkeit der
Höhere Schulbildung der
Shakespeares Meinung über
La Bruyères Meinung über
Dr. Johnsons Meinung über
Mr. Oscar Brownings Meinung über

Hier holte ich Atem und fügte, wahrhaftig, am Rande hinzu: »Warum sagt Samuel Butler ›Weise Männer sagen niemals, was sie über die Frauen denken‹?« Offensichtlich sagen weise Männer nie etwas anderes als eben das. Aber, so fuhr ich fort, indem ich mich in meinem Stuhl zurücklehnte und in die riesige Kuppel schaute, in der ich nur ein vereinzelter aber nun auch schon etwas gequälter Gedanke war, das Unglück ist, daß weise Männer über Frauen nie gleicher Meinung sind. Hier ist Pope:
Die meisten Frauen haben überhaupt keinen Charakter.
Und hier La Bruyère:
Die Frauen sind Extreme: Sie sind besser oder schlechter als die Männer.
Ein direkter Widerspruch zweier scharfer Beobachter, die Zeitgenossen waren. Sind sie bildungsfähig oder nicht? Napoleon hielt sie nicht für bildungsfähig. Dr. Johnson dachte das Gegenteil.*

* »Männer wissen, daß Frauen ihnen überlegen sind, und wählen deshalb die schwächste oder unwissendste. Wenn sie dies nicht glaubten, könnten sie niemals Angst vor Frauen haben, die ebensoviel wissen wie sie selbst.« ... Um dem weiblichen Geschlecht gegenüber gerecht zu sein, halte ich es für redlich zuzugeben, daß er mir in einer späteren Unterhaltung sagte, daß er dies ganz ernst gemeint habe. *Boswell: The Journal of a Tour to the Hebrides.*

Monks House, wie es 1919 aussah

Haben sie eine Seele, oder haben sie keine Seele? Manche Wilden sagen, sie haben keine. Andere behaupten im Gegenteil, daß Frauen Halbgötter seien, und verehren sie deshalb.* Manche Weise behaupten, daß sie von seichterem Verstande seien; andere, daß sie ein tieferes Bewußtsein haben. Goethe verehrte sie; Mussolini verachtete sie. Wohin man auch sah, dachten Männer über Frauen nach und dachten sehr unterschiedlich über sie. Es war unmöglich, daraus klug zu werden, entschied ich und blinzelte voller Neid auf den Leser neben mir, der die schönsten Auszüge zustande brachte, oft mit einem A oder B oder C überschrieben, während mein eigenes Notizbuch in wildestem Gekritzel widersprüchlicher Kurznotizen schwelgte. Es war niederschmetternd, es war verwirrend, es war demütigend. Die Wahrheit war mir zwischen den Fingern zerronnen. Bis auf den letzten Tropfen.

* ›Die alten Germanen glaubten, daß in Frauen etwas Heiliges sei, und befragten sie deshalb als Orakel.‹ *Frazer: Golden Bough.*

Ich konnte unmöglich nach Hause gehen, überlegte ich, und es als einen ernsthaften Beitrag zu einer Untersuchung über Frauen und Fiction beisteuern, daß Frauen einen weniger behaarten Körper haben als Männer, oder daß die Südseeinsulaner mit 9 Jahren pubertieren – oder mit neunzig? –, sogar meine Handschrift war in der Verwirrung unentzifferbar geworden. Es war schmachvoll, nach der Arbeit eines ganzen Vormittags nichts Gewichtigeres oder Ernsthafteres vorweisen zu können. Und wenn ich die Wahrheit über F (wie ich sie der Kürze halber inzwischen nannte) in der Vergangenheit nicht fassen konnte, warum sich noch über F in der Zukunft plagen? Es schien reine Zeitverschwendung, all diese Herren zu Rate zu ziehn, die sich auf Frauen und ihre Wirkung auf weiß Gott was spezialisiert hatten – Politik, Kinder, Löhne, Moral –, so zahlreich und gelehrt sie auch sein mochten. Man konnte ihre Bücher ebensogut auch ungeöffnet lassen.

Aber während ich so grübelte, hatte ich unbewußt, in meiner Achtlosigkeit, meiner Verzweiflung dorthin, wo ich eigentlich wie mein Nachbar eine Schlußfolgerung hätte niederschreiben sollen, ein Bild gezeichnet. Ich hatte ein Gesicht, eine Gestalt gezeichnet. Es war das Gesicht und die Gestalt von Professor von X, wie er gerade sein Monumentalwerk mit dem Titel ›Die geistige, moralische und physische Unterlegenheit des weiblichen Geschlechts‹ schreibt. Er war in meiner Darstellung kein Mann, der auf Frauen anziehend wirkt. Er war von massivem Körperbau; er hatte einen großen Wanst; um das auszugleichen, hatte er sehr kleine Augen; er war ganz rot im Gesicht. Sein Gesichtsausdruck zeigte, daß er sich abmühte, in einem Gefühlszustand, der ihn die Feder aufs Papier stoßen ließ, als tötete er beim Schreiben irgendein giftiges Insekt, aber selbst wenn er es getötete hatte, befriedigte ihn das nicht; er mußte fortfahren, es zu töten; und selbst dann blieb noch ein Grund für Zorn und Erbitterung. Konnte es seine Frau sein, fragte ich mich, während ich meine Zeichnung betrachtete? War sie in einen Kavallerieoffizier verliebt? War der Kavallerieoffizier schlank und elegant und in Astrachan gekleidet? War er, um eine Freudsche Theorie anzuwenden, in der Wiege von einem hübschen Mädchen ausgelacht worden? Denn sogar in der Wiege, fand ich, konnte der Professor kein besonders anziehendes Kind gewesen sein. Aus welchem Grund auch immer, der Professor war in meiner schnell hingeworfenen Zeichnung sehr zornig und sehr häßlich geraten, wie er da an seinem dicken Buch über die geistige, moralische und physische Unterlegenheit der Frau schrieb. Zeichnungen zu machen war eine müßige Art, die unergiebige Arbeit eines Vormittags abzuschließen. Und doch kommt im Müßiggang, in unseren Träumen manchmal die unterdrückte Wahrheit an die Oberfläche. Eine ganz elementare psychologische Übung, die den Namen Psychoanalyse gar nicht verdient, zeigte mir bei einem Blick auf mein Notizbuch, daß die Zeichnung des zornigen Professors im Zorne gemacht war. Der Zorn hatte meinen Bleistift geführt, während ich träumte. Aber was hatte Zorn hier zu suchen? Interesse, Verwirrung, Amüsement, Langeweile – all diese Gefühle hatte ich feststellen und benennen können, wie sie sich im Laufe des Vormittags nacheinander eingestellt hatten. Hatte die schwarze Schlange Zorn zwischen ihnen gelauert? Ja, sagte die Skizze, sie hatte. Das verwies mich unmißverständlich auf das eine Buch, den einen Satz, der den Dämon heraufbeschworen hatte; es war die Feststellung des Professors über die geistige, moralische und physische Unterlegenheit der Frauen. Mein Herz hatte angefangen zu klopfen. Meine Wangen hatten gebrannt. Ich war rot geworden vor Zorn. Daran war nichts Besonderes, so töricht es auch war. Man läßt sich nicht gerne sagen, daß man einem kleinen Mann – ich schaute auf den Studenten neben mir –, der kurzatmig ist, einen zementierten Schlips trägt und sich seit vierzehn Tagen nicht rasiert hat, naturgemäß unterlegen ist. Man hat gewisse törichte Eitelkeiten. Es liegt in der Natur des Menschen, überlegte ich und fing an, Karrenräder und Kreise über das Gesicht des zornigen Professors zu zeichnen, bis er wie ein brennender Busch oder ein Komet mit Flammenschweif aussah – jedenfalls wie eine Erscheinung ohne menschliche Ähnlichkeit oder Bedeutung. Der Professor war nichts als ein brennendes Reisigbündel oben in Hampstead Heath. Mein eigener Zorn war rasch erklärt und überwunden; aber die Neugier blieb. Wie war der Zorn des Professors zu erklären? Warum waren sie wütend? Denn wenn man den Eindruck, den alle diese Bücher hinterließen, analysierte, so blieb da immer ein Element von Hitze. Diese Hitze nahm viele Formen an: Sie zeigte sich als Satire, als Sentiment, als Neugier, als Verdammung. Aber da war noch ein anderes Element, das oft vorkam und nicht sofort identifiziert werden konnte. Ich nannte es Zorn. Doch es war ein unterschwelliger Zorn, der sich mit allen anderen Emotionen vermischt hatte. Nach seinen seltsamen Wirkungen zu urteilen, war es ein maskierter und komplexer Zorn, kein einfacher und offener.

Aus welchem Grunde auch immer, alle diese Bücher, fand ich, indem ich den Stoß auf meinem Tisch durchsah, sind für meine Zwecke wertlos. Sie waren wissenschaftlich wertlos, konnte man sagen, obwohl sie menschlich voller Information, Interesse, Langeweile und voller kurioser Fakten über die Gebräuche der Fidji-Insulaner waren. Sie waren im roten Licht der Emotionen geschrieben worden und nicht im weißen Licht der Wahrheit. Daher konnten sie nur noch am Ausgabetisch wieder abgegeben und in ihre spezielle Zelle in der gewaltigen Honigwabe zurückgestellt werden. Das eine Faktum des Zorns war alles, was ich aus der Arbeit dieses Vormittags hatte ziehen können. Die Professoren – so faßte ich alle zusammen – waren zornig. Aber warum, fragte ich mich, nachdem ich die Bücher zurückgegeben hatte, warum, wiederholte ich, als ich unter der Colonnade zwischen den Tauben und prähistorischen Kanus stand, warum sind sie zornig? Und während ich mir diese Frage stellte, schlenderte ich davon, mir einen Platz zum Mittagessen zu suchen. Was ist die wirkliche Natur dessen, was ich im Augenblick ihren Zorn nenne? fragte ich mich. Dies war ein Puzzle, das die ganze Zeit in Anspruch nahm, die man braucht, um in einem kleinen Restaurant in der Nähe des Britischen Museums eine Mahlzeit serviert zu bekommen. Irgendein Gast vor mir hatte die Frühausgabe einer Abendzeitung auf dem Stuhl liegen lassen, und während ich darauf wartete, bedient zu werden, begann ich, beiläufig die Schlagzeilen zu lesen. Ein Band besonders großer Buchstaben lief über die ganze Seite. Irgend jemand hatte in Südafrika einen großen Coup gelandet. Kleinere Schriftbänder kündigten an, daß Sir Austen

Chamberlain in Genf eingetroffen war. Eine Fleischeraxt mit Menschenhaar daran war in einem Keller gefunden worden. Mr. Justice... gab vor dem Ehescheidungsgericht eine Erklärung über die Schamlosigkeit der Frauen ab. Über das Blatt verstreut gab es andere Nachrichten. Eine Schauspielerin war von einem Berggipfel in Californien herabgelassen worden und hing nun dort auf halber Höhe. Das Wetter würde Nebel bringen. Auch der flüchtigste Besucher dieses Planeten, dachte ich, konnte, wenn er diese Zeitung zur Hand nahm, sich des Eindrucks nicht erwehren, daß England vom Patriarchat beherrscht wurde. Niemand, der bei Verstand war, konnte umhin, die Vorherrschaft des Professors festzustellen. Sein war die Macht und das Geld und der Einfluß. Er war der Eigentümer der Zeitung und ihr Herausgeber und Redakteur. Er war der Außenminister und der Richter. Er war der Kricketspieler, ihm gehörten die Rennpferde und die Yachten. Er war der Direktor der Handelsgesellschaft, die ihren Aktionären 200% auszahlt. Er hinterließ Millionen für wohltätige Einrichtungen und Colleges, die von ihm selbst beherrscht wurden. Er hängte die Schauspielerin auf halber Höhe des Berges auf. Er wird entscheiden, ob das Haar an der Fleischeraxt vom Menschen stammt; er ist es, der den Mörder frei- oder schuldigsprechen, ihn hängen oder freilassen wird. Mit Ausnahme des Nebels schien er alles zu kontrollieren. Und doch war er zornig. Ich wußte, daß er aus diesem Grunde zornig war. Als ich las, was er über Frauen schrieb, dachte ich nicht an das, was er sagte, sondern an ihn selbst. Wenn ein Disputant leidenschaftslos argumentiert, denkt er nur an das Argument; und der Leser wird dann zwangsläufig auch nur an das Argument denken. Wenn er leidenschaftslos über Frauen geschrieben hätte, unzweifelhafte Beweise benutzt hätte, um seine Behauptung zu belegen, und keine Spur des Wunsches gezeigt hätte, daß das Ergebnis so und nicht anders sein sollte, wäre man selbst auch nicht zornig geworden. Man hätte die Tatsache akzeptiert, wie man die Tatsache anerkennt, daß eine Erbse grün und ein Kanarienvogel gelb ist. So ist das also, hätte ich gesagt. Aber ich war zornig geworden, weil er zornig war. Dennoch schien es absurd, dachte ich, während ich die Abendzeitung umblätterte, daß ein Mann bei all der Macht, die er hat, zornig ist. Oder ist Zorn, fragte ich mich, auf irgendeine Weise der übliche, der unumgängliche Kobold der Macht? Reiche Leute zum Beispiel sind oft zornig, weil sie vermuten, daß die armen ihren Reichtum in Besitz nehmen wollen. Die Professoren oder Patriarchen, wie man sie vielleicht treffender nennen sollte, könnten zum Teil aus diesem Grunde zornig sein, aber zum Teil auch aus einem anderen Grund, der weniger offenbar an der Oberfläche liegt. Vielleicht waren sie überhaupt nicht ›zornig‹; oft waren sie wirklich voller Bewunderung, Ergebenheit, vorbildlich in ihren privaten Beziehungen zu Frauen. Vielleicht war der Professor, während er ein bißchen zu emphatisch auf der Unterlegenheit der Frauen bestand, ein bißchen zu sehr nicht auf ihre Unterlegenheit, sondern auf seine eigene Überlegenheit bedacht. Sie war es, die er so hitzköpfig und mit zu viel Emphase verteidigte, denn es war ihm ein Juwel von unschätzbarem Wert. Das Leben ist für beide Geschlechter – und ich schaute sie mir an, wie sie Schulter an Schulter über das Pflaster an mir vorüberzogen – mühsam, schwierig, ein ständiger Kampf. Es erfordert gewaltigen Mut und Kraft. Mehr als alles andere erfordert es – Geschöpfe der Illusion, die wir nun einmal sind – Selbstvertrauen. Ohne Selbstvertrauen sind wir wie Wickelkinder. Und wie kann man diese unwägbare Eigenschaft, die dennoch von so unschätzbarem Wert ist, am schnellsten erwerben? Indem man glaubt, daß andere Leute uns unterlegen sind. Indem man das Gefühl einer angeborenen Überlegenheit über andere hat – das kann Reichtum sein oder Stand, eine gerade Nase oder ein Portrait des Großvaters von Romney – die kläglichen Einfälle der menschlichen Fantasie sind da ohne Zahl. Daher ist es für den Patriarchen, der erobern muß, der herrschen muß, von enormer Wichtigkeit, zu fühlen, daß sehr viele Leute, ja die Hälfte der Menschheit, ihm naturgemäß unterlegen sind. In der Tat muß darin eine der Hauptquellen seiner Macht liegen. Aber lassen Sie mich das Licht dieser Beobachtung auf das wirkliche Leben richten, dachte ich. Trägt sie dazu bei, einige der psychologischen Rätsel, die man am Rande des täglichen Lebens bemerkt, zu erklären? Erklärt sie mein Erstaunen neulich, als Z., einer der humansten und bescheidensten

Männer, eines der Bücher von Rebecca West zur Hand nahm und, nachdem er eine Passage gelesen hatte, ausrief: ›Diese ausgemachte Feministin! Sie behauptet, Männer seien Snobs!‹ Dieser Ausruf, der für mich sehr überraschend war – denn warum war Miss West eine ausgemachte Feministin, wenn sie eine vielleicht wahre, aber nicht gerade schmeichelhafte Feststellung über das andere Geschlecht trifft? – war nicht nur der Schrei verletzter Eitelkeit; er war ein Protest gegen die Verletzung seiner Kraft, an sich zu glauben. Frauen haben über Jahrhunderte hinweg als Spiegel gedient mit der magischen und köstlichen Kraft, das Bild des Mannes in doppelter Größe wiederzugeben. Ohne diese Kraft wäre die Erde vielleicht noch immer Sumpf und Dschungel. Der Glanz all unserer Kriege wäre unbekannt. Wir würden noch immer die Umrisse von Rotwild auf die Reste von Hammelknochen ritzen und Feuersteine gegen Schaffelle oder irgendeinen anderen Schmuck tauschen, der unseren rohen Geschmack entzückt. Superman und Finger of Destiny hätten niemals existiert. Zar und Kaiser hätten niemals Kronen getragen und sie wieder verloren. Welcher Art der Gebrauch in zivilisierten Gesellschaften auch sein mag, Spiegel sind für alle gewalttätigen und heroischen Handlungen unentbehrlich. Deshalb bestehen Napoleon und Mussolini beide so nachdrücklich auf der Unterlegenheit der Frauen, denn wenn sie nicht unterlegen wären, würden sie aufhören zu vergrößern. Das hilft teilweise zu erklären, warum Frauen für Männer oft so notwendig sind. Und es hilft zu erklären, wie sehr sie von ihrer Kritik beunruhigt werden; wie unmöglich es den Frauen ist, zu sagen, dieses Buch ist schlecht, dieses Bild ist schwach, oder was immer es sein mag, ohne weitaus mehr weh zu tun und viel mehr Zorn zu erregen als ein Mann, der dieselbe Kritik ausspricht. Denn wenn sie anfängt, die Wahrheit zu sagen, schrumpft das Spiegelbild; seine Lebenstüchtigkeit schrumpft zusammen. Wie wird er in Zukunft Urteile fällen, Wilde zivilisieren, Gesetze machen, Bücher schreiben, sich aufputzen und auf Banketts Reden halten, wenn er sich nicht

Virginia mit Lytton Strachey
im Garten von Ottoline Morrells Haus in Garsington

wenigstens zum Frühstück und Abendessen in doppelter Größe sieht? So überlegte ich, während ich mein Brot zerkrümelte und in meinem Kaffee rührte und ab und zu den Leuten auf der Straße nachschaute. Das Spiegelbild ist von äußerster Wichtigkeit, weil es die Lebenskraft auflädt: es stimuliert das Nervensystem. Nimm es ihnen weg, und die Männer sterben wie der Drogenabhängige, dem man sein Kokain entzieht. Unter dem Zauber dieser Illusion, so dachte ich, während ich aus dem Fenster sah, eilt die Hälfte der Leute auf dem Pflaster draußen zur Arbeit. Unter ihren angenehmen Strahlen ziehen sie am Morgen Hut und Mantel an. Sie beginnen den Tag mit Zuversicht, gestärkt und in dem Glauben, auf Miss Smiths Party begehrt zu sein; sie sagen sich, während sie den Raum betreten, ich bin der Hälfte der Leute hier überlegen, und nur deshalb sprechen sie mit Selbstvertrauen, mit dieser Selbstsicherheit, die so tiefgreifende Konsequenzen für das öffentliche Leben gehabt und in privaten Überlegungen zu so kuriosen Randbemerkungen geführt hat.

Aber diese Beiträge zum gefährlichen und faszinierenden Thema von der Psychologie des anderen Geschlechts – ein Thema, das Sie, wie ich hoffe, erforschen werden, sobald Sie fünfhundert im Jahr eigenen Geldes haben – wurden unterbrochen von der Notwendigkeit, die Rechnung zu bezahlen. Sie belief sich auf fünf Shilling, und neun Pence. Ich gab dem Kellner eine Zehn-Shilling-Note, und er ging, das Wechselgeld zu holen. Es war noch eine Zehn-Shilling-Note in meinem Geldbeutel; ich bemerkte es, weil dies eine Tatsache ist, die mir noch immer den Atem raubt – die Macht meines Geldbeutels, automatisch Zehn-Shilling-Noten auszubrüten. Ich öffne ihn, und da sind sie. Die Gesellschaft gibt mir Hühnchen und Kaffee, ein Bett und ein Dach über dem Kopf als Gegengabe für ein paar Blatt Papier, die mir von meiner Tante hinterlassen wurden, aus keinem anderen Grund als dem, daß ich ihren Namen trage.

Meine Tante, Mary Beton, müssen Sie wissen, starb an einem Sturz vom Pferd, als sie in Bombay ausritt, um frische Luft zu schöpfen. Die Nachricht von meiner Erbschaft erreichte mich eines Abends ungefähr zur selben Zeit, als das Gesetz angenommen wurde, das Frauen das Wahlrecht zubilligt. Der Brief eines Anwalts fiel in den Briefkasten, und als ich ihn öffnete, stellte ich fest, daß sie mir fünfhundert Pfund im Jahr und auf Lebenszeit ausgesetzt hatte. Von beiden – dem Stimmrecht und dem Geld – schien mir das Geld, das ich nun besaß, unendlich viel wichtiger. Zuvor hatte ich davon gelebt, mir wunderliche Jobs von Zeitungen zu erbetteln, von einer Eselsdressur hier und einer Hochzeit da zu berichten; ich hatte ein paar Pfund damit verdient, Umschläge zu adressieren, alten Damen vorzulesen, künstliche Blumen herzustellen, den Kleinen im Kindergarten das Alphabet beizubringen. Das waren hauptsächlich die Beschäftigungen, die Frauen vor 1918 offenstanden. Ich fürchte, ich muß nicht erst im einzelnen beschreiben, wie hart die Arbeit war, denn Sie kennen vielleicht Frauen, die so gearbeitet haben, noch die Schwierigkeiten schildern, von dem Geld so zu leben, wie es hereinkam, denn das haben Sie vielleicht selbst schon versucht. Was mir aber immer noch als die schlimmste Zumutung von allen in Erinnerung ist, war das Gift der Angst und Verbitterung, das diese Zeiten in mir erzeugten. Vor allem, immer Arbeiten machen zu müssen, die man nicht machen wollte, und sie wie ein Sklave zu tun, schmeichelnd und kriechend, was vielleicht nicht immer notwendig war, aber notwendig schien: es stand zu viel auf dem Spiel, um ein Risiko einzugehen; und dann der Gedanke daran, daß die eine Begabung, die zu verstecken Tod bedeutete, eine kleine Begabung, die ihrer Trägerin aber teuer war, untergehen könnte und mit ihr ich selbst, meine Seele – all das war wie ein Brand, der an der Blüte des Frühlings fraß und den Baum in seinem Kern zerstörte. Aber, ich sagte es schon, meine Tante starb; und jedesmal, wenn ich eine Zehn-Shilling-Note wechsele, wird ein wenig von dem Rost und der Korrosion abgerieben; Angst und Bitterkeit vergehen. Tatsächlich, dachte ich, während ich das Kleingeld in meine Börse gleiten ließ, es ist bemerkenswert, wenn man die Verbitterung jener Tage bedenkt, welchen Wandel im Gemüt ein festes Einkommen mit sich bringt. Keine Macht der Welt kann mir meine fünfhundert Pfund nehmen. Essen, Wohnung und Kleidung sind mir für immer sicher. Es hören dadurch nicht nur Arbeit und Mühsal auf, sondern auch Haß und Bitterkeit. Ich brauche keinen Mann zu hassen; er kann mir nicht weh tun. Ich brauche keinem Mann zu schmeicheln; er kann mir nichts bieten. So nahm ich unversehens der anderen Hälfte der Menschheit gegenüber eine andere Haltung ein. Es war absurd, eine Klasse oder ein Geschlecht als Ganzes dafür verantwortlich zu machen. Große Menschenmengen sind nie verantwortlich für das, was sie tun. Sie werden von Instinkten getrieben, die sie nicht unter Kontrolle haben. Auch sie, die Patriarchen, die Professoren hatten mit endlosen Schwierigkeiten, schrecklichen Beeinträchtigungen zu kämpfen. Ihre Erziehung war auf mancherlei Weise ebenso falsch wie meine eigene. Sie hatte in ihnen ebenso große Defekte hervorgerufen. Sicher, sie hatten Geld und Macht, aber nur um den Preis, in ihrer Brust einen Adler, einen Geier zu hüten, der ihnen bis ans Ende ihres Lebens die Leber herausfraß und die Lungen anpickte – der Instinkt für Besitz, die Erwerbswut, die sie dazu treiben, anderer Leute Felder und Hab und Gut ständig zu begehren; Grenzen und Flaggen zu erfinden; Schlachtschiffe und Giftgas; ihr eigenes Leben und das Leben ihrer Frauen und Kinder zu opfern. Gehen Sie durch den Admiralty Arch (ich hatte dieses Monument gerade erreicht) oder durch irgendeine andere Prachtstraße, die Trophäen und Kanonen gewidmet ist, und denken Sie nach über die Art von Ruhm, die hier gefeiert wird. Oder beobachten Sie im Frühlingssonnenschein die Börsenmakler und die großen Rechtsanwälte, wie sie in die Gebäude gehen, um Geld zu machen und mehr Geld und noch mehr Geld, während es doch eine Tatsache ist, daß einen fünfhundert Pfund im Jahr im Sonnenschein am Leben erhalten. Das sind unerfreuliche Instinkte, die sie hegen, überlegte ich. Sie sind geprägt von den Bedingungen des Lebens; vom Mangel an Kultur, dachte ich, indem ich einen Blick auf die Statue des Herzogs von Cambridge und besonders auf die Federn an seinem kecken Hut warf, einen Blick von einer Festigkeit, wie sie ihnen wohl kaum bisher entgegengebracht worden war. Und indem ich diese Beeinträchtigungen wahrnahm, wandelten sich nach und nach Angst und Bitterkeit in Mitleid und Nachsicht; und nach ein oder zwei Jahren vergingen auch Mitleid und Nachsicht, und die größte aller Erlösungen trat ein, die Freiheit, an die Dinge selbst zu denken. Dieses Gebäude zum Beispiel, mag ich es oder nicht? Ist dieses Bild schön oder nicht? Ist das nach meiner Ansicht ein gutes Buch oder nicht? Tatsächlich, die Erbschaft meiner Tante offenbarte mir den Himmel und setzte an die Stelle einer großen und aufdringlichen Figur, die Milton mir als Gegenstand ständiger Bewunderung empfahl, den Anblick des freien Himmels.

Indem ich so nachdachte und spekulierte, fand ich meinen Weg zurück zu meinem Haus am Fluß. Lampen wurden angezündet, und eine unbeschreibliche Veränderung war seit den Morgenstunden mit London vorgegangen. Es war, als ob die große Maschine, nachdem sie den ganzen Tag gearbeitet hatte, mit unserer Hilfe ein paar Meter von etwas sehr Aufregendem und Schönem hergestellt hätte – ein feuriges Gewebe mit sprühenden roten Augen, ein lohfarbenes Ungeheuer, das mit heißem Atem brüllte. Sogar der Wind schien zu schlagen wie eine Fahne, als er die Häuser peitschte und an den Zäunen ratterte.

In meiner kleinen Straße jedoch behielt das häusliche Leben die Oberhand. Der Anstreicher kam von seiner Leiter herunter; das Kindermädchen schob friedlich den Kinderwagen hinein und heraus, zurück zur Teestunde im Kinderzimmer; der Kohlenträger faltete sorgfältig seine leeren Säcke zusammen und legte sie übereinander; die Frau, die den Gemüseladen hat, machte in roten Handschuhen Kasse. Aber ich war so schwanger mit dem Problem, das Sie auf meine Schultern geladen haben, daß ich nicht einmal diese gewohnten Bilder sehen konnte, ohne sie zu diesem einen Zentrum in Beziehung zu setzen. Ich dachte, wie viel schwieriger muß es heute sein als sogar noch vor einem Jahrhundert, zu sagen, diese Beschäftigung ist die höhere, die notwendigere. Ist es besser, ein Kohlenträger oder ein Kindermädchen zu sein; ist die Putzfrau, die acht Kinder großgezogen hat, weniger wert, als der Rechtsanwalt, der hunderttausend Pfund gemacht hat? Es ist sinnlos, solche Fragen zu stellen, denn niemand kann sie beantworten. Es steigen und fallen nicht nur die vergleichbaren Werte von Putzfrauen und Rechtsanwälten von Jahrzehnt zu Jahrzehnt, sondern wir haben auch keine Maßstäbe, mit denen wir sie messen könnten, so wie sie im Augenblick sind. Es war töricht von mir gewesen, meinen Professor zu bitten, mich mit ›unbestreitbaren Beweisen‹ für diese oder jene Behauptung über Frauen zu versorgen. Selbst wenn man den Wert auch nur einer Begabung im Augenblick feststellen könnte, so werden diese Werte sich doch ändern; nach Ablauf eines Jahrhunderts werden sie sich wahrscheinlich völlig geändert haben. Außerdem, dachte ich, während ich meine eigene Schwelle erreichte, werden in hundert Jahren Frauen aufgehört haben, das beschützte Geschlecht zu sein. Folglich werden sie an allen Aktivitäten und Anstrengungen teilnehmen, die ihnen einst verweigert wurden. Das Kindermädchen wird Kohlen schaufeln. Die Gemüsefrau wird eine Lokomotive fahren. Alle angenommenen Eigenschaften, soweit sie auf Tatsachen gegründet waren, die man beobachten konnte, solange Frauen das beschützte Geschlecht waren, werden verschwunden sein – wie zum Beispiel (hier marschierte ein Trupp Soldaten die Straße hinab), daß Frauen und Pfarrer und Gärtner länger leben als andere Leute. Beseitigt man dieses Beschütztsein, setzt man sie den gleichen Anstrengungen und Aktivitäten aus, macht sie zu Soldaten und Matrosen und Lokomotivführern und Dockarbeitern, dann werden Frauen soviel früher sterben, soviel schneller als Männer, daß man bald sagen wird, ›heute habe ich eine Frau gesehen‹, wie man früher sagte, ›ich habe ein Flugzeug gesehen!‹ Alles ist möglich, wenn das Frausein aufgehört hat, eine beschützte Tätigkeit zu sein, dachte ich, als ich die Tür öffnete. Aber welche Beziehung hat das alles zum Thema meines Vortrags FRAUEN UND FICTION? fragte ich mich, während ich eintrat.

III

Es war enttäuschend, auch am Abend keine wesentliche Feststellung nach Hause gebracht zu haben, keine authentische Tatsache. Frauen sind ärmer als Männer, weil – dies oder das. Vielleicht wäre es besser, die Suche nach der Wahrheit nun aufzugeben und eine Lawine von Meinungen, heiß wie Lava und farblos wie Spülwasser, über sich ergehen zu lassen. Es wäre vielleicht besser, die Vorhänge zu schließen; Ablenkungen auszusperren; die Lampe anzuzünden; die Fragestellung einzuengen und den Historiker, der nicht Meinungen, sondern Fakten sammelt, zu bitten, uns zu beschreiben, unter welchen Bedingungen Frauen lebten, nicht quer durch die Zeitalter, sondern, sagen wir, im England des Zeitalters von Elizabeth.

Denn es bleibt ein beständiges Rätsel, warum keine Frau auch nur ein Wort zu jener außerordentlichen Literatur beigetragen hat, während doch, wie es scheint, jeder zweite Mann in der Lage war, ein Lied oder ein Sonett zu schreiben. Was waren das für Bedingungen, unter denen die Frauen lebten, fragte ich mich; denn Fiction, phantasievolle Arbeit, die sie ist, wird nicht wie ein Kiesel wieder fallen gelassen, wie vielleicht die Naturwissenschaft; Fiction ist wie ein Spinnennetz, wenn auch nur ganz leicht befestigt, so doch an allen vier Enden dem Leben verbunden. Oft ist die Verbindung kaum sichtbar; Shakespeares Stücke z. B. scheinen dazuhängen, als wären sie aus sich selbst vollkommen. Aber wenn das Spinnweb seitwärts gezerrt, am Rande verhakt oder in der Mitte zerrissen worden ist, dann erinnert man sich, daß diese Spinnweben nicht von körperlosen Wesen freischwebend gesponnen werden, sondern das Werk leidender menschlicher Wesen und mit handfesten materiellen Dingen verbunden sind wie Gesundheit und Geld und den Häusern, in denen wir leben.

Ich ging also an das Regal, in dem die historischen Werke standen, und nahm eines der neuesten heraus, Professor Trevelyans Geschichte Englands. Wieder schlug ich das Stichwort FRAUEN nach und fand ›Stellung der‹ und schlug die angegebenen Seiten auf. ›Das Prügeln der Ehefrau‹, so las ich, ›war anerkanntes Recht des Mannes und wurde ohne Scham von Hoch und Niedrig praktiziert... Ebenso‹, fährt der Historiker fort, ›mußte die Tochter, die sich weigerte, den Mann der Wahl ihrer Eltern zu heiraten, es sich gefallen lassen, eingeschlossen, geschlagen und im Zimmer herumgestoßen zu werden, ohne daß dies in der öffentlichen Meinung einen Schock auslöste. Heirat war keine Sache der persönlichen Zuneigung, sondern der Habgier der Familie, besonders in den ›ritterlichen‹ Oberklassen... Die Verlobung fand oft statt, wenn ein oder beide Partner noch in der Wiege lagen, und sie heirateten, kaum daß sie der Betreuung des Kindermädchens entwachsen waren.‹

Das war ungefähr 1470, bald nach Chaucers Zeit. Der nächste Hinweis auf die Stellung der Frauen findet sich etwa zweihundert Jahre später, zur Zeit der Stuarts. ›Es war immer noch eine Ausnahme unter den Frauen der Ober- und Mittelklasse, wenn sie ihren Ehemann selbst wählten, und sobald die Wahl getroffen war, war er der Herr und Meister, jedenfalls soweit Gesetz und Sitte ihn dazu machen konnten. Doch obwohl dies so war‹, stellte Professor Trevelyan abschließend fest, ›fehlt es weder Shakespeares Frauen noch denen authentischer Memoiren des 17. Jahrhunderts, wie etwa denen der Verney und der Hutchinson, an Persönlichkeit und Charakter.‹ Gewiß, wenn wir es so betrachten, Kleopatra muß ihre Besonderheiten gehabt haben; Lady Macbeth, sollte man annehmen, ihren eigenen Willen; Rosalind, kann man schließen, war ein schönes Mädchen. Professor Trevelyan spricht nur die Wahrheit, wenn er bemerkt, daß es Shakespeares Frauen an Persönlichkeit und Charakter nicht zu fehlen scheint. Wenn man kein Historiker ist, darf man sogar weitergehen und sagen, daß in allen Werken aller Dichter von aller Zeiten Anbeginn Frauen wie Leuchtfeuer gebrannt haben. Klytemnaestra, Antigone, Kleopatra, Lady Macbeth, Phaidra, Cressida, Rosalind, Desdemona, die Herzogin von Malfi, bei den Dramatikern; und dann bei

den Prosa-Autoren Millamant, Clarissa, Becky, Sharp, Anna Karenina, Emma Bovary, Madame de Guermantes – die Namen fliegen einem nur so zu, und keiner erinnert an ›Frauen, denen es an Persönlichkeit und Charakter fehlt‹. In der Tat, wenn Frauen außer in von Männern geschriebener Fiction nicht existieren, würde man sie sich als Personen von größter Bedeutung vorstellen; sehr unterschiedlich im Wesen; heroisch und mittelmäßig; strahlend und niederträchtig; unendlich schön und extrem häßlich; so bedeutend wie Männer, manche glauben sogar bedeutender.* Aber das sind Frauen in Fiction.
In der Wirklichkeit wurden sie, wie Professor Trevelyan aufzeigt, eingeschlossen, geschlagen und im Zimmer herumgestoßen.

Ein höchst seltsames, gemischtes Wesen entsteht vor unserem Auge. Im Reich der Phantasie ist sie von höchster Bedeutung; praktisch ist sie völlig unbedeutend. Sie durchdringt die Dichtung von Buchdeckel zu Buchdeckel; sie ist alles andere als historisch abwesend. Sie beherrscht das Leben der Könige und Eroberer in der Fiction; in der Wirklichkeit war sie der Sklave eines jeden beliebigen Jungen, dessen Eltern ihr einen Ehering auf den Finger zwangen. Einige der inspiriertesten Worte, einige der tiefgründigsten Gedanken der Literatur kommen ihr über die Lippen; im wirklichen Leben konnte sie kaum lesen, kaum buchstabieren und war das Eigentum ihres Ehemannes.

Es war gewiß ein sonderbares Monstrum, das man sich nach der Lektüre erst der Historiker und dann der Dichter vorzustellen hatte – ein Wurm, geflügelt wie ein Adler; die

* ›Es bleibt eine merkwürdige und fast unerklärliche Tatsache, daß in der Stadt Athen, wo Frauen in fast orientalischer Unterdrückung als Statuen oder Packesel gehalten wurden, das Theater dennoch Figuren wie Klytemnaestra und Kassandra, Atossa und Antigone, Phaidra und Medea und all die Heldinnen hervorgebracht haben soll, die Drama für Drama des ›Weiberfeinds‹ Euripides beherrschen. Das Paradox dieser Welt, in der im wirklichen Leben eine ehrbare Frau sich kaum allein auf der Straße zeigen konnte und in der doch auf dem Theater die Frau dem Manne gleichkommt oder ihn sogar übertrifft, ist niemals zur Genüge erklärt worden. In der modernen Tragödie gilt das gleiche Übergewicht.‹

Verkörperung des Lebens und der Schönheit steht in der Küche und schneidet Nierenfett. Aber diese Monstren, so amüsant sie der Phantasie erscheinen mögen, existieren nicht in der Wirklichkeit. Was man tun muß, um so mit den Tatsachen Kontakt zu halten – daß sie Mrs. Martin heißt und sechsunddreißig Jahre alt ist, ein blaues Kleid, einen schwarzen Hut und braune Schuhe trägt; aber man darf auch Fiction nicht aus dem Auge verlieren – daß sie ein Gefäß ist, in dem alle Arten von Geistern und Kräften unaufhörlich umherjagen und aufblitzen. In dem Augenblick jedoch, in dem man diese Methode an der Frau der elisabethanischen Epoche versucht, versagt ein Strang der Erhellung; man wird aufgehalten vom Mangel an Fakten. Man weiß nichts Genaueres, nichts vollkommen Wahres und Wesentliches über sie. Die Geschichtsschreibung erwähnt sie kaum. Und ich wendete mich wieder Professor Trevelyan zu, um zu sehen, was ihm Geschichte bedeutet. Indem ich mir seine Kapitelüberschriften ansah, fand ich heraus, daß sie bedeutete – Das Rittergut und die Methode des open field Ackerbaus... Die Zisterzienser und die Schafzucht... Die Kreuzzüge... Die Universität... Das House of Commons... Der Hundertjährige Krieg... Die Rosenkriege... Die Gelehrten der Renaissance... Die Auflösung der Klöster... Agrarstreit und Religionskämpfe... Der Ursprung der Englischen Seemacht... Die Armada... und so weiter. Gelegentlich wird eine einzelne Frau erwähnt, eine Elizabeth oder eine Mary; eine Königin oder eine große Adlige. Aber unter gar keinen Umständen konnten Frauen der Mittelklasse, die nichts zur Verfügung hatten als ihren Verstand und ihren Charakter, an irgendeiner der großen Bewegungen teilhaben, die, zusammengetragen, das Bild des Historikers von der Vergangenheit ausmachen. Noch werden wir sie in irgendeiner Anekdotensammlung finden. Aubrey erwähnt sie kaum. Nie schreibt sie ihre Autobiographie und führt nur selten ein Tagebuch; es sind nur eine Handvoll Briefe erhalten. Sie hinterließ keine Stücke oder Gedichte, aufgrund derer wir sie beurteilen könnten. Was man braucht, dachte ich – und warum trägt es nicht irgendeine gescheite Studentin in Newnham oder Girton zusammen? – ist möglichst viel Information; in welchem Alter heiratete sie; wie viele Kinder hatte sie in der Regel; wie sah ihr Haus aus; hatte sie ein Zimmer für sich allein; kochte sie selbst; hatte sie möglicherweise Bedienstete? Alle diese Fakten sind vermutlich irgendwo in Anwaltsregistern und Kontobüchern niedergelegt; das Leben der elisabethanischen Durchschnittsfrau muß irgendwo verstreut zu finden sein, man könnte es sammeln und ein Buch daraus machen. Es wäre bis weit über meine Erwartungen hinaus ehrgeizig, dachte ich, und mein Blick wanderte über die Regale und hielt nach Büchern Ausschau, die nicht dort waren – den Studentinnen jener berühmten Colleges vorzuschlagen, daß sie die Geschichte neu schreiben sollten, obgleich ich zugebe, daß es oft ein bißchen wunderlich, unwirklich und einseitig aussehen würde; aber warum sollten sie nicht einen Nachtrag zur Geschichte schreiben? Ihm natürlich einen unauffälligen Namen geben, so daß Frauen darin ohne jede Unangemessenheit vorkommen? Denn oft erscheinen sie für einen kurzen Augenblick in den Biographien der Großen, dann huschen sie wieder in den Hintergrund zurück, unterdrükken, so glaube ich mitunter, ein Augenzwinkern, ein Lachen, vielleicht eine Träne. Und schließlich wissen wir genug über das Leben von Jane Austen; es scheint kaum nötig, den Einfluß der Tragödien von Joanna Baillie auf die Dichtung von Edgar Allen Poe erneut ins Auge zu fassen; und für meinen Teil hätte ich auch nichts dagegen, wenn Haus und Heimsuchungen der Mary Russell Mitford der Öffentlichkeit für mindestens ein Jahrhundert unzugänglich gemacht würden. Was ich aber beklagenswert finde, fuhr ich fort, indem ich wieder über Regale sah, ist, daß man nichts über die Frauen in der Zeit vor dem 18. Jahrhundert weiß. Hier frage ich, warum die Frauen der elisabethanischen Zeit keine Gedichte schrieben, und ich bin nicht sicher, wie sie erzogen wurden; ob ihnen das Lesen und Schreiben gelehrt wurde; ob sie einen eigenen Wohnraum hatten; wieviel Frauen Kinder hatten, bevor sie einundzwanzig waren; was, kurzum, sie von acht Uhr morgens bis acht Uhr abends taten. Offensichtlich hatten sie kein Geld; nach Professor Trevelyan wurden sie verheiratet, ob sie wollten oder nicht, noch bevor sie dem Kinderzimmer entwachsen waren, also sehr wahrscheinlich mit fünfzehn oder sechzehn. Es wäre außerordentlich seltsam gewesen, auch nachdem dies alles geklärt wäre, wenn eine von ihnen plötzlich Shakespeares Stücke geschrieben hätte, schloß ich, und ich dachte an jenen alten Herrn, der nun tot ist, aber zu Lebzeiten ein Bischof war, glaube ich, und erklärte, daß es für jede Frau, ob in Vergangenheit, Gegenwart oder Zukunft, unmöglich sei, Shakespeares Genius zu haben. Er schrieb darüber in Zeitungen. Er sagte auch einer Dame, die sich einer Information wegen an ihn gewandt hatte, daß Katzen tatsächlich nicht in den Himmel kommen, obgleich sie, wie er hinzufügte, eine Art von Seele haben. Wieviel Nachdenken diese alten Herren einem doch ersparten! Wie die Grenzen der Unwissenheit bei ihrem Nahen zusammenschrumpften! Katzen kommen nicht in den Himmel. Frauen können nicht Shakespeares Stücke schreiben.

Aber gleichviel, ich konnte, während ich auf Shakespeares Werke in meinem Regal schaute, nicht umhin zu denken, daß der Bischof zumindest in diesem Punkt recht hatte; es wäre jeder Frau unmöglich gewesen, ganz und gar unmöglich gewesen, Shakespeares Stücke *im Zeitalter Shakespeares* zu schreiben. Lassen Sie mich, da es so schwer ist, an Fakten zu kommen, versuchen, mir vorzustellen, was geschehen wäre, wenn Shakespeare eine wunderbar begabte Schwester gehabt hätte, sagen wir, mit Namen Judith. Shakespeare selbst ging sehr wahrscheinlich – seine Mutter war eine reiche Erbin – zur Grammar School, wo er Latein gelernt haben mag – Ovid, Virgil und Horaz – und die Grundelemente der Grammatik und Logik. Er war, das ist wohlbekannt, ein ungestümer Knabe, der Kaninchen wilderte, vielleicht ein Reh schoß, und der, weitaus früher als er es hätte tun sollen, eine Frau aus der Nachbarschaft heiraten mußte, die ihm, schneller als recht war, ein Kind zur Welt brachte. Diese Eskapade veranlaßte ihn, nach London zu gehen, um dort sein Glück zu suchen. Er hatte, so schien es, Geschmack am Theater gefunden; er fing an, indem er am Bühneneingang die Pferde hielt. Sehr bald bekam er Arbeit im Theater, wurde ein erfolgreicher Schauspieler und lebte im Mittelpunkt der Welt, begegnete jedermann, kannte jedermann, praktizierte seine Kunst auf den Brettern, übte seinen Witz auf der Straße und erhielt sogar Zutritt zum Hof der Königin. Inzwischen, nehmen wir einmal an, blieb seine außerordentlich begabte Schwester zu Hause. Sie war ebenso abenteuerlustig, ebenso phantasievoll, ebenso begierig, die Welt zu sehen wie er. Aber sie wurde nicht in die Schule geschickt. Sie hatte keine Gelegenheit, Grammatik und Logik zu lernen, von Horaz und Virgil ganz zu schweigen. Sie nahm hin und wieder ein Buch zur Hand, eines ihres Bruders vielleicht, und las ein paar Seiten. Aber dann kamen die Eltern herein und hießen sie die Strümpfe stopfen oder sich um den Hammelbraten kümmern, und nicht mit Büchern und Papieren ziellos herumzutrödeln. Sie würden mit Nachdruck, aber freundlich mit ihr sprechen, denn sie waren tüchtige Leute, die die Lebensbedingungen einer Frau kannten und ihre Tochter liebten – wahrscheinlich war sie sogar ihres Vaters Augapfel. Vielleicht kritzelte sie heimlich auf dem Apfelspeicher ein paar Seiten zusammen, war aber vorsichtig genug, sie gut zu verstecken oder zu verbrennen. Jedoch noch bevor sie ihr zweites Jahrzehnt beendet hatte, wurde sie dem Sohn eines benachbarten Wollgroßhändlers anverlobt. Sie schrie, sie hasse das Eheleben, und wurde dafür von ihrem Vater heftig geschlagen. Dann hörte er auf, sie zu schelten. Er bat sie statt dessen, ihm nicht weh zu tun, ihm in Sachen ihrer Heirat keine Schande zu machen. Er würde ihr eine Perlenkette oder ein schönes Untergewand schenken, sagte er; und es standen ihm Tränen in den Augen. Wie konnte sie ihm ungehorsam sein? Wie konnte sie ihm das Herz brechen? Nur die Kraft ihrer eigenen Begabung trieb sie dazu. Aus ihren Sachen schnürte sie ein kleines Bündel, ließ sich an einem schönen Sommerabend an einem Seil hinab und machte sich auf den Weg nach London. Sie war noch nicht siebzehn. Die Vögel, die in der Hecke sangen, waren nicht musikalischer als sie. Sie hatte wie ihr Bruder eine lebhafte Vorliebe für den Klang der Worte. Wie er hatte sie Gefallen am Theater. Sie stand am Bühneneingang; sie wolle spielen, sagte sie. Männer lachten ihr ins Gesicht. Der Manager – ein fetter Kerl mit losem Maul – lachte schallend. Er bellte irgend etwas von Pudeln, die tanzen, und Frauen, die Theater spielen – keine Frau, sagte er, könne je Schauspielerin sein. Er deutete an – Sie können sich denken, was. Sie konnte eine Ausbildung in ihrer Kunst bekommen. Konnte sie wenigstens zum Abendessen in die Taverne oder um Mitternacht über die Straße gehen? Und doch war in ihr der Genius für Fiction, und es gelüstete ihn, sich aus dem Leben von Männern und Frauen und dem Studium ihres Verhaltens zu nähren. Schließlich, denn sie war sehr jung, mit den gleichen grauen Augen und den runden Brauen wie Shakespeare – schließlich also nahm sich Nick Greene, der Schauspieler-Agent, ihrer an; sie fand sich mit einem Kind von diesem Herrn wieder und so weiter – wer kann die Hitze und Heftigkeit von eines Dichters Herz ermessen, wenn es eingefangen und verstrickt ist in den Körper einer Frau? – brachte sich an einem Winterabend um und liegt nun an einer Wegkreuzung begraben, wo jetzt die Omnibusse halten, außerhalb von Elephant und Castle.

Ungefähr so würde die Geschichte laufen, glaube ich, wenn eine Frau in den Tagen Shakespeares den Genius von Shakespeare gehabt hätte. Aber ich für meinen Teil stimme mit dem verblichenen Bischof, falls er einer war, überein – es ist undenkbar, daß eine Frau in Shakespeares Tagen Shakespeares Genius gehabt haben könnte. Denn ein Genie wie Shakespeare wird nicht zwischen schuftenden, ungebildeten, servilen Leuten geboren. Es wurde nicht im England der Sachsen und Briten geboren. Es wird heute auch nicht geboren in den arbeitenden Klassen. Wie also hätte es unter den Frauen geboren werden können, deren Arbeit nach Professor Trevelyan begann, fast noch bevor sie dem Kinderzimmer entwachsen waren, die von ihren Eltern dazu gezwungen und mit aller Macht von Gesetz und Sitte daran festgehalten wurden? Und doch muß ein Genius irgendeiner Art unter den Frauen existiert haben, wie er unter den arbeitenden Klassen existiert haben muß. Hier und da lodert eine Emily Brontë auf oder ein Robert Burns und beweist seine Gegenwart. Aber ganz sicher brachte er sich nie zu Papier. Wenn man jedoch von einer Hexe liest, die getaucht wird, oder von einer Frau, die vom Teufel besessen ist, von einer weisen Frau, die Kräuter verkauft, oder auch nur von einem bemerkenswerten Mann, der eine Mutter hatte, dann, glaube ich, sind wir einer verlorengegangenen Romanautorin auf der Spur, einer unterdrückten Dichterin, einer stummen und unberühmten Jane Austen, irgendeiner Emily Brontë, die ihren Verstand im Moor auslöschte oder grimassierend auf den Landstraßen umherschweift, umgetrieben von der Peinigung, die ihre Begabung ihr auferlegte. In der Tat, ich würde sogar so weit gehen zu vermuten, daß Anon*, der so viele Gedichte schrieb, ohne sie zu signieren, oft eine Frau war. Wie Edward Fitzgerald vorschlug, war es eine Frau, die die Balladen und Volkslieder schrieb, sie ihren Kindern vorsummte, ihre Spinnarbeit damit verkürzte oder die Länge des Winterabends.

Dies mag nun wahr sein oder nicht – wer kann das sagen? –, was aber daran wahr ist, so schien mir, als ich die Geschichte von Shakespeares Schwester, wie ich sie erdacht hatte, noch einmal durchsah, ist die Tatsache, daß eine Frau, die im 16. Jahrhundert mit einer großen Begabung geboren wurde, ganz sicher verrückt werden mußte, sich erschießen mußte oder ihre Tage in einer einsamen Hütte außerhalb des Dorfes hätte beschließen müssen, halb Hexe, halb Magierin, gefürchtet und verhöhnt. Denn es bedarf nur weniger Kenntnisse in Psychologie, um sicher zu sein, daß hochbegabte Mädchen, die versucht hätten, ihre Gabe für Poesie zu gebrauchen, von anderen Leuten so viel in den Weg gestellt bekommen hätten, so behindert worden wären, so gepeinigt und von ihren eigenen entgegengesetzten Instinkten hin und her gerissen worden wären, daß sie Gesundheit und Verstand mit Sicherheit verlieren mußten. Kein Mädchen hätte nach London laufen und an einem Bühneneingang stehen können und ihren Weg in Gegenwart eines Schauspielermanagers erzwingen können, ohne sich Gewalt anzutun und Ängste zu erleiden, die vielleicht irrational gewesen wären – denn Keuschheit war vielleicht ein Fetisch, der von bestimmten Gesellschaften aus unbekannten Gründen erfunden wurde –, die aber trotzdem unvermeidlich waren. Keuschheit hatte damals, wie sogar heute noch, eine religiöse Bedeutung im Leben einer Frau und hat sich daher mit Nerven und Instinkten umhüllt, die loszuschneiden und ans Licht zu bringen Mut von der seltensten Art erfordert.

* Anon = Anonymus

Im 16. Jahrhundert in London ein freies Leben zu führen hätte für eine Frau, die Dichterin und Stückeschreiberin war, einen Nervenstreß und ein Dilemma bedeutet, das sie leicht hätte umbringen können. Hätte sie überlebt, so wäre, was immer sie geschrieben hätte, verdreht und deformiert gewesen, da es aus einer angespannten und morbiden Phantasie hervorgegangen wäre. Und ohne Zweifel, dachte ich, während ich auf das Regal sah, in dem keine Stücke von Frauen stehen, wäre ihr Werk anonym erschienen. Diesen Schutz hätte sie sicher gesucht. Es war ein Relikt des Sinns für Keuschheit, das Frauen sogar noch im späten 19. Jahrhundert Anonymität aufzwang. Currer Bell, George Eliot, George Sand, alle Opfer eines inneren Widerstreits, wie ihre Werke bewiesen, suchten sich wirkungslos zu verhüllen, indem sie den Namen eines Mannes gebrauchten. So leisteten sie ihren Tribut an die Konvention – die, wenn schon nicht vom anderen Geschlecht eingeimpft, doch von ihnen selbst freiwillig unterstützt wurde (der größte Ruhm einer Frau besteht darin, daß man nicht über sie spricht, sagte Perikles, selbst ein Mann, über den man sehr viel sprach) –, daß Publicity für Frauen verabscheuungswürdig ist, daß ihnen Anonymität im Blut liegt. Sie sind noch immer von dem Wunsch beherrscht, verschleiert zu sein. Sie sind nicht einmal heute so um die Qualität ihres Rufes bemüht wie Männer, und einmal allgemein gesprochen, können sie an einem Grabstein oder an einem Wegweiser vorübergehen, ohne den unwiderstehlichen Drang zu verspüren, ihren Namen darin einzuritzen, wie Alf, Bert oder Chas das, ihrem Instinkt gehorchend, tun müssen, der sich rührt, wenn eine gutaussehende Frau vorübergeht, oder auch nur ein Hund (ce chien est à moi). Und natürlich muß es nicht ein Hund sein, dachte ich, im Gedanken an Parliament Square, an die Siegesallee oder andere Prachtstraßen; es könnte ein Stück Land sein oder ein Mann mit schwarzgelocktem Haar. Es ist einer der größten Vorteile, eine Frau zu sein, daß man sogar an einer gutaussehenden Negerin vorübergehen kann, ohne aus ihr eine Engländerin machen zu wollen.

Jene Frau also, die im 16. Jahrhundert mit einer Begabung für Dichtung geboren wurde, war eine unglückliche Frau, eine Frau im Widerstreit mit sich selbst. Alle ihre Lebensbedingungen, all ihre eigenen Instinkte waren dem Geisteszustand feindlich, der notwendig ist, um alles freizusetzen, was sich im Gehirn abspielt. Aber welches ist denn der Geisteszustand, der für den Schaffensakt am günstigsten ist, fragte ich mich? Kann man den Zustand, der diese merkwürdige Tätigkeit fördert und ermöglicht, erfassen? Hier öffnete ich einen Band, der die Tragödien Shakespeares enthielt. Welches war Shakespeares Geisteszustand, als er Lear schrieb und Antonius und Cleopatra? Es war ganz sicher der für Dichtung günstigste Geisteszustand, der je existierte. Aber Shakespeare selbst sagte nichts darüber. Wir wissen nur beiläufig und zufällig, daß er ›nie eine Zeile ausstrich‹. Es wurde, bis ins 18. Jahrhundert hinein, tatsächlich nie vom Künstler selbst etwas über seinen Geisteszustand geäußert. Rousseau machte vielleicht den Anfang. Auf jeden Fall hatte sich bis zum 19. Jahrhundert das Selbstbewußtsein so weit entwickelt, daß es für Literaten zur Gewohnheit wurde, ihre geistige Verfassung in Bekenntnissen und Autobiographien zu beschreiben. Es wurden auch ihre Biographien geschrieben und nach dem Tode ihre Briefe gedruckt. Obwohl wir nicht wissen, was Shakespeare durchmachte, als er Lear schrieb, so wissen wir doch, was Carlyle durchmachte, als er die French Revolution schrieb; was Flaubert durchzumachen hatte, als er Madame Bovary schrieb; was Keats durchmachte, als er versuchte, Gedichte gegen das Nahen des Todes und die Indifferenz der Welt zu schreiben.

Und man erfährt aus dieser umfangreichen modernen Literatur der Bekenntnisse und der Selbstanalyse, daß das Schreiben eines genialen Werkes fast immer ein Kraftakt von ungeheuerlicher Schwierigkeit ist. Alles spricht gegen die Wahrscheinlichkeit, daß es ganz und vollkommen aus dem Geist des Autors hervorgeht. Im allgemeinen sind die materiellen Umstände dagegen. Hunde bellen; Leute unterbrechen; es muß Geld verdient werden; die Gesundheit bricht zusammen. Was außerdem diese Schwierigkeiten noch verschärft und sie noch schwerer erträglich macht, ist die notorische Indifferenz der Welt. Sie verlangt es niemandem ab, Gedichte und Romane und Historisches zu schreiben; sie benötigt sie nicht. Es kümmert sie nicht, ob Flaubert das richtige Wort findet oder ob Carlyle dieses oder jenes Faktum sorgfältig verifiziert. Natürlich will sie auch nicht bezahlen für etwas, das sie nicht haben will. Und so erleidet der Schriftsteller Keats, Flaubert, Carlyle, besonders in den schöpferischen Jahren der Jugend, jede Form der Ablenkung und Entmutigung. Ein Fluch, ein Schmerzensschrei erhebt sich aus diesen Büchern der Analyse und des Bekenntnisses. ›Große Dichter im Elend gestorben‹ – das ist die Bürde ihrer Gesänge. Wenn trotz alledem noch etwas durchkommt, dann ist dies ein Wunder, und vielleicht wird kein Buch ganz und unversehrt so geboren, wie es entworfen wurde.

Aber für Frauen, so dachte ich bei mir, während ich auf das leere Regal schaute, waren die Schwierigkeiten unendlich viel schrecklicher. Zunächst einmal war nicht daran zu denken, ein Zimmer für sich allein zu haben – sogar bis hinein ins beginnende 19. Jahrhundert –, gar nicht zu reden von einem ruhigen oder schalldichten Zimmer, es sei denn, ihre Eltern waren außerordentlich reich oder sehr großzügig. Da ihr Nadelgeld, das von der Gutwilligkeit ihres Vaters abhing, nur dazu ausreichte, sie zu kleiden, war sie auch von solchen Erleichterungen abgeschnitten, wie sie sogar Keats oder Tennyson oder Carlyle zukamen, wie etwa ein Ausflug zu Fuß, eine kleine Reise nach Frankreich oder eine separate Wohnung, die, wenn sie auch miserabel genug war, doch vor den Beanspruchungen durch die Familie und deren Tyranneien schützte. Solche materiellen Schwierigkeiten waren entsetzlich; aber viel schlimmer waren die immateriellen. Die Indifferenz der Welt, die Keats und Flaubert und andere geniale Männer als so unerträglich empfanden, war in ihrem Fall nicht Indifferenz, sondern Feindseligkeit. Zu ihr sagte die Welt nicht wie zu jenen, Schreib, wenn es dir gefällt; mir ist es gleich. Die Welt sagte mit brüllendem Gelächter, Schreiben? Wozu soll deine Schreiberei gut sein? Hier mögen uns die Psychologen Newnham und Girton zu

Hilfe kommen, dachte ich, indem ich wieder auf den freien Raum in den Regalen schaute. Denn ganz sicher ist es Zeit, die Wirkung der Entmutigung auf den Geisteszustand des Künstlers zu messen, wie ich eine Molkereigesellschaft die Wirkung von gewöhnlicher Milch und von Qualität-a-Milch auf den Körper einer Ratte messen sah. Sie setzten zwei Ratten in Käfige nebeneinander, und von den beiden war eine hinterhältig, scheu und klein, und die andere war glänzend, frech und fett. Mit welcher Nahrung ernähren wir nun Frauen als Künstlerinnen? fragte ich und erinnerte mich, glaube ich, an das Abendessen aus Backpflaumen und Eierrahm. Um diese Frage zu beantworten, brauchte ich nur die Abendzeitung aufzuschlagen und zu lesen, daß Lord Birkenhead der Meinung ist – aber wirklich, ich werde ihnen nicht die Meinung von Lord Birkenhead über schreibende Frauen abschreiben. Was Dean Inge sagt, werde ich in Frieden lassen. Dem Harley-Street-Spezialisten sei erlaubt, die Echos der Harley Street mit seinem Geschrei zu wecken, ohne daß mir ein einziges Haar zu Berge steht. Ich werde vielmehr Mr. Oscar Browning zitieren, weil Mr. Oscar Browning zu seiner Zeit eine große Figur in Cambridge war und die Studenten von Girton und Newnham zu prüfen pflegte. Mr. Oscar Browning pflegte zu erklären, ›daß der Eindruck, der für ihn entstanden war, nachdem er beliebig viele Stöße von Examensarbeiten durchgesehen hatte, der war, daß, unabhängig von den Zensuren, die er gegeben haben mochte, die beste Frau noch dem schlechtesten Mann intellektuell unterlegen war‹. Nachdem er dies gesagt hatte, ging Mr. Browning in seine Zimmer zurück – und es ist diese Fortsetzung, die ihn wert und zu einer menschlichen Figur von einiger Größe und Erhabenheit macht –, er ging in seine Räume zurück und fand einen Stalljungen auf seinem Sofa liegen – nur noch ein Skelett, seine Wangen waren eingefallen und kränklich gelb, seine Zähne schwarz, und er schien seine Glieder nicht voll zu beherrschen . . .‹ »Das ist Arthur«, sagte Mr. Browning. »Er ist ein wirklich lieber Junge und sehr großherzig.« Es will mir immer scheinen, daß die beiden Bilder sich ergänzen. Und in diesem Zeitalter der Biographie ergänzen sie sich auch wirklich oft auf das glücklichste, so daß wir in der Lage sind, die Meinungen großer Männer nicht nur nach ihren Worten zu beurteilen, sondern auch nach dem, was sie tun.

Aber obwohl dies heute möglich ist, müssen solche Meinungen von den Lippen bedeutender Leute noch vor fünfzig Jahren schrecklich genug gewesen sein. Nehmen wir an, daß ein Vater aus den besten Motiven nicht wünschte, daß seine Tochter das Haus verläßt, um Schriftstellerin, Malerin oder Gelehrte zu werden. ›Sieh dir an, was Mr. Browning sagt‹, würde er sagen; und da war nicht nur Mr. Browning; da war die *Saturday Review*; da war Mr. Greg – ›das wesentliche im Leben der Frauen ist‹, sagte Mr. Greg emphatisch, *›daß sie von Männern ernährt werden und ihnen dienen‹* – da war ein kompaktes Bündel männlicher Meinung, die besagte, daß von Frauen intellektuell nichts zu erwarten war. Auch wenn ihr Vater diese Meinungen nicht laut vorlas, so konnte doch jedes Mädchen sie selbst nachlesen; und Lesen mußte, sogar noch im 19. Jahrhundert, ihre Vitalität herabsetzen und sich belastend auf ihre Arbeit auswirken. Da war immer die Behauptung – du kannst dies nicht tun, du bist nicht imstande, dies zu tun – gegen die zu protestieren war, die überwunden werden mußte. Vielleicht ist dieser Bazillus für eine Romanautorin nicht länger von großer Wirkung; denn es hat Romanautorinnen von großen Verdiensten gegeben. Aber für Malerinnen muß er noch immer einen Stachel haben; und für Musikerinnen, stelle ich mir vor, ist er heute noch wirksam und äußerst giftig. Die Komponistin steht heut noch da, wo zu Shakespeares Zeiten die Schauspielerin stand. Nick Greene, dachte ich und erinnerte mich an die Geschichte, die ich über Shakespeares Schwester ausgedacht hatte, sagte, daß eine Theater spielende Frau ihn an tanzende Pudel erinnere. Johnson wiederholte diesen Ausspruch zweihundert Jahre später über predigende Frauen. Und hier, sagte ich und öffnete ein Buch über Musik, haben wir diese Worte wieder, im Jahre des Herrn anno 1928, über Frauen, die versuchen, Musik zu schreiben. ›Von Mlle Tailleferre kann man nur Dr. Johnsons Ausspruch über weibliche Priester wiederholen, transportiert in die Sprache der Musik. »Sir, wenn eine Frau komponiert, so ist das, als ob ein Pudel auf den Hinterbeinen läuft. Es ist nicht gut

Virginia beim Boules-Spielen mit Angelica, Quentin und einer Freundin

gemacht, aber man ist überrascht, daß es überhaupt gemacht wird.«‹* So genau wiederholt sich die Geschichte.

Also folgerte ich, und schloß Mr. Oscar Brownings Biographie und schob den Rest beiseite, ist es ziemlich klar, daß sogar im 19. Jahrhundert eine Frau nicht ermutigt wurde, Künstlerin zu sein. Im Gegenteil, sie wurde zurechtgewiesen, geohrfeigt, belehrt und dringend ermahnt. Ihr Geist mußte überreizt sein von der Notwendigkeit, sich dem allen entgegenzustellen, es zu widerlegen. Denn hier kommen wir wieder in die Reichweite jenes höchst interessanten und obskuren männlichen Komplexes, der so viel Einfluß auf die Frauenbewegung gehabt hat: jenes tiefsitzende Verlangen,

* *Cecil Gray: A Survey of Contemporary Music,* p. 246

nicht so sehr, daß sie ihm unterlegen sein soll, als vielmehr, daß er ihr überlegen sein soll: was ihn, wohin man auch sieht, nicht nur in der ersten Reihe der Künste aufpflanzt, sondern auch als Barrikade auf dem Weg in die Politik, und das sogar dann, wenn das Risiko für ihn unendlich klein und die Kandidatin bescheiden und ergeben ist. Sogar Lady Bessborough, erinnerte ich mich, mit ihrer großen Leidenschaft für Politik, mußte sich demütig beugen und an Lady Granville Leveson-Gower schreiben: ›... ungeachtet all meiner Heftigkeit in der Politik und obwohl ich so viel über dieses Thema gesprochen habe, stimme ich mit Ihnen vollkommen darin überein, daß eine Frau weder hierin noch in irgendeinem anderen Geschäft etwas zu schaffen hat, außer ihre Meinung zu sagen (falls sie nach ihr gefragt wird).‹ Und so fährt sie fort und verausgabt ihren Enthusiasmus, wo er auf keinerlei Widerstand trifft, über das immens wichtige Thema der Jungfernrede von Lord Granvolle im House of Commons. Das Schauspiel ist sicherlich merkwürdig, dachte ich. Die Geschichte des Widerstandes der Männer gegen die Emanzipation der Frauen ist vielleicht interessanter als die Geschichte der Emanzipation selbst. Es könnte ein amüsantes Buch entstehen, wenn eine Studentin von Girton oder Newnham Beispiele dafür sammeln und eine Theorie daraus entwickeln würde – aber sie würde dicke Handschuhe für ihre Hände brauchen und ein Gitter aus massivem Gold, um sich zu schützen.

Was aber heute amüsant ist, besann ich mich, indem ich Lady Bessborough zuklappte, das mußte damals verzweifelt ernstgenommen werden. Meinungen, die man jetzt in ein Buch einklebt, auf dessen Etikett man Kikeriki geschrieben hat und das man für ausgewählte Zuhörerschaft an schönen Sommerabenden bereithält, verursachten einst Tränen, das versichere ich Ihnen. Unter unseren Großmüttern und Urgroßmüttern waren viele, die sich die Augen ausweinten. Florence Nightingale schrie laut in ihrem Todeskampf.* Außerdem ist es sehr leicht für Sie alle, die Sie es geschafft

* Vgl. *Cassandra* von *Florence Nightingale*, abgedruckt in *The Cause* von *R. Strachey*

haben, aufs College zu gehen und ein eigenes Wohnzimmer zu haben – oder ist es ein Wohn-Schlafzimmer? –, zu sagen, daß ein Genie sich um solche Meinungen nicht kümmern sollte, daß ein Genie über dem stehen sollte, was über es gesagt wird. Unglücklicherweise aber bekümmern sich geniale Männer und Frauen am meisten darum, was über sie gesagt wird. Erinnern Sie sich an Keats. Erinnern Sie sich an die Worte, die er in seinen Grabstein meißeln ließ. Denken Sie an Tennyson; denken Sie – aber ich muß wohl kaum noch mehr Beweise für die unleugbare, wenn auch unselige Tatsache anführen, daß es zur Natur des Künstlers gehört, aufs äußerste darauf angewiesen zu sein, was man über ihn sagt. Die Literatur ist übersät mit den Wracks von Männern, die weit über jedes vernünftige Maß hianaus auf die Meinung anderer angewiesen waren.

Und diese ihre Empfindlichkeit ist doppelt unglücklich, dachte ich, indem ich wieder zu meiner ursprünglichen Frage zurückkehrte, welcher Geisteszustand schöpferischer Arbeit am förderlichsten sei, weil der Geist eines Künstlers, um die an Wunder grenzende Anstrengung aufbringen zu können, die er vollbringen muß, um ein ganzes und vollkommenes Werk, das in ihm steckt, freizusetzen, weißglühend sein muß wie der Geist Shakespeares, mutmaßte ich, indem ich auf das Buch schaute, das bei Antonius und Kleopatra aufgeschlagen vor mir lag. Es darf kein Hindernis in ihm sein, keine fremde, unverarbeitete Materie.

Denn obgleich wir sagen, daß wir nichts über Shakespeares Geisteszustand wissen, sagen wir doch, indem wir dies sagen, etwas über Shakespeares Geisteszustand. Der Grund, warum wir vielleicht so wenig von Shakespeare wissen – verglichen mit Donne oder Ben Johnson oder Milton – ist, daß uns sein Murren, seine Bosheiten und Antipathien verborgen sind. Wir werden von keiner ›Enthüllung‹ aufgehalten, die uns an den Autor erinnert. Alles Begehren, zu protestieren, zu predigen, eine Beleidigung öffentlich auszustoßen, eine Kerbe auszuwetzen, die Welt zum Zeugen eines Unrechts oder eines Kummers zu machen, wurde aus ihm herausgeschleudert und verarbeitet. Darum entströmt ihm seine Dichtung frei und ungehindert.

Wenn jemals ein menschliches Wesen sein Werk vollständig ausdrückte, so war es Shakespeare. Wenn je ein Geist weißglühend war und ungehemmt, dachte ich und wendete mich wieder dem Regal zu, dann war es der Geist Shakespeares.

IV

Im 16. Jahrhundert irgendeine Frau dieses Geisteszustandes zu finden, war offensichtlich unmöglich. Man muß nur an die elisabethanischen Grabsteine denken, mit all den Kindern, die da mit gefalteten Händen knien; und an ihren frühen Tod; und man muß ihre Häuser sehen mit ihren dunklen, engen Zimmern, um zu erkennen, daß damals keine Frau hätte Dichtung schreiben können. Was man zu finden erwartet ist eher, daß viel später vielleicht eine große Dame ihre gewisse Freiheit und Bequemlichkeit nutzen würde, um etwas unter ihrem Namen zu veröffentlichen, und dabei den Ruf riskierte, ein Monstrum zu sein. Männer, so fuhr ich fort, sind natürlich keine Snobs, den ›ausgemachten Feminismus‹ von Rebecca West sorgfältig vermeidend; aber meistens sind es die Bemühungen einer Gräfin, Verse zu schreiben, die von ihnen mit Sympathie gewürdigt werden. Man sollte erwarten, daß eine Dame mit Adelstitel auf sehr viel mehr Ermutigung trifft, als eine unbekannte Miss Austen oder eine Miss Emily Brontë zu jener Zeit gefunden hätten. Aber man würde auch erwarten, daß ihr Geist von fremden Emotionen wie Angst und Haß gestört würde und daß ihre Gedichte Spuren dieser Verstörung zeigten. Hier ist zum Beispiel Lady Winchilsea, dachte ich und nahm ihre Gedichte heraus. Sie wurde 1661 geboren; sie war sowohl durch Geburt wie durch Heirat adelig; sie war kinderlos; sie schrieb Gedichte, und man muß ihre Dichtung nur aufschlagen, um sie in Empörung über die Situation der Frau ausbrechen zu sehen:

Wie sind wir gesunken durch sinnlose Sitten,
Genarrt durch Erziehung, nicht durch Natur!
Von jeglichem Aufstieg abgeschnitten,
Soll'n dumm wir sein und töricht nur.
Und ragt von uns eine auf ohne Arg,

Von Phantasie gedrängt und Streben,
Dann macht das feindliche Lager sich stark,
Und Hoffnung wird ängstliches Beben.

Ganz eindeutig hat ihr Geist nicht ›alle Hemmnisse vernichtet und ist weißglühend geworden‹. Im Gegenteil, er ist geplagt und verstört durch Haß und Kummer. Die Menschheit ist für sie in zwei Parteien gespalten. Die Männer sind das ›feindliche Lager‹; die Männer werden gehaßt und gefürchtet, weil sie die Macht haben, ihr den Weg zu versperren zu dem, was sie tun will – zum Schreiben.

Ach! Und versucht eine Frau zu dichten,
So gilt sie gleich als unverschämt;
Den Fehltritt kann keine Tugend schlichten.
Es heißt, wir verrieten unser Geschlecht;
Kinder, Kleider, Tanz und Spiel
Seien uns'rer Art gerecht,
Und Schreiben, Lesen schon zuviel;
Es schade uns'rer reinen Schönheit.
Züchtiges Walten im Hause dagegen
Sei keine Verschwendung kostbarer Zeit
Und gereiche uns zu höher'm Segen.

Sie muß sich tatsächlich zum schreiben Mut machen, indem sie voraussetzt, daß niemals gedruckt wird, was sie schreibt; muß sich mit dem traurigen Gesang beruhigen:

Freunden sing und deinem Schmerz,
Denn Lorbeer ist dir nicht beschieden;
Im Schatten bleib und sei's zufrieden.

Und doch ist es klar, hätte sie ihren Geist frei machen können von Haß und Furcht und ihn nicht belasten müssen mit Empörung und Verbitterung, das Feuer in ihr wäre heiß gewesen. Ab und zu kommen Worte von reinster Poesie:

Und will in verbleichender Seide nicht
Ein fades Bild der Rose geben.

Zu Recht werden sie gepriesen von Mr. Murry, und Pope, glaubt man, hat diese anderen sich angeeignet:

Nun steigt Narzissenduft uns ins Gehirn,
Und süß gepeinigt senken wir die Stirn.

Es ist tausendmal schade, daß eine Frau, die so schreiben konnte, deren Geist der Natur und der Reflexion zugewandt war, zu Zorn und Erbitterung gezwungen war. Aber wie hätte sie sich helfen können? fragte ich mich und stellte mir das Hohnlächeln und das Gelächter, die Lobhudelei der Speichellecker, die Skepsis der professionellen Dichter vor. Sie muß sich zum Schreiben auf dem Lande in ein Zimmer eingeschlossen haben und zerrissen worden sein von Erbitterung und vielleicht von Skrupeln, obwohl ihr Mann von der liebenswertesten Art und ihr Eheleben vollkommen war. ›Sie muß‹, sagte ich, ›denn wenn man nach Fakten über Lady Winchilsea sucht, findet man heraus, daß, wie üblich, fast nichts über sie bekannt ist. Sie litt entsetzlich unter Melancholie, was wir mindestens zum Teil erklären können, wenn wir von ihr hören, wie sie sich in einer solchen Stimmung vorstellt:

Meine Verse verlacht, und mein Tun verachtet
Als eitles Trachten, von Hochmut umnachtet.

Ihr so zensiertes Tun war, soweit man sehen kann, ein harmloses Über-die-Felder-Streifen und Träumen:

Meine Hand bringt Unentdecktem Licht,
Weicht ab vom üblichen Leben
Und will in verbleichender Seide nicht
Ein fades Bild der Rose geben.

Natürlich konnte sie, wenn dies ihre Gewohnheit und ihre Freude war, nur erwarten, ausgelacht zu werden; und so wird denn auch von Pope oder Gay gesagt, daß sie sich über sie als über einen ›Blaustrumpf, den es juckt, zu kritzeln‹ lustig machten. Man nimmt auch an, daß sie Gay verletzte, indem sie ihn auslachte. Sie sagte, daß seine *Trivia* zeigten, daß es ihm besser anstand, ›vor einer Sänfte herzulaufen als in einer zu sitzen‹.

Doch all dies ist ›dubioser Klatsch‹ und, so sagt Mr. Murry, ›uninteressant‹. Aber in diesem Punkt stimme ich ihm nicht zu, denn ich hätte sogar von dem zweifelhaften Klatsch gern mehr gewußt, so daß ich mir von dieser melancholischen Lady ein Bild hätte machen oder ausdenken können, die über die Felder zu wandern und über ungewöhnliche Dinge nachzudenken liebte und die so unbesonnen, so unklug, ›die stumpfsinnige Führung eines servilen Hauses‹ verschmähte. Aber sie wurde diffus, sagte Mr. Murray. Ihre Begabung ist ganz mit Unkraut durchwachsen und von Dornengestrüpp beengt. Sie hatte keine Chance, sich als die feine, ausgezeichnete Begabung zu zeigen, die sie war. Und indem ich sie wieder ins Regal stellte, wandte ich mich der anderen großen Lady zu, jener Herzogin, die Lamb liebte, die sprunghafte, etwas phantastische Margaret of Newcastle, älter als Lady Winchilsea, aber ihre Zeitgenossin. Sie waren sehr verschieden, glichen sich aber darin, daß sie beide Adlige waren und beide kinderlos und beide mit den besten aller Ehemänner verheiratet. In beiden brannte die gleiche Leidenschaft für Dichtung, und beide sind aus den gleichen Gründen entstellt und deformiert. Schlägt man die Herzogin auf, so findet man den gleichen Zornesausbruch, ›Frauen leben wie Fledermäuse oder Eulen, schuften wie Tiere und sterben wie Würmer...‹ Auch Margaret hätte eine Dichterin sein können; in unserer Zeit hätte so viel Aktivität irgendein Rad in Bewegung gebracht. Aber so, wie die Dinge lagen, was hätte diese wilde, üppige, unausgebildete Intelligenz für den menschlichen Gebrauch binden, zähmen oder zivilisieren können? Sie ergoß sich, holterdiepolter, in Sturzbächen von Reim und Prosa, Dichtung und Philosophie, die in Quarto und Folio erstarrt dastehen, in denen niemand mehr liest. Man hätte ihr ein Mikroskop in die Hand geben sollen. Man hätte sie lehren sollen, die Sterne zu beobachten und wissenschaftlich zu argumentieren. Ihr Verstand war bewegt von Einsamkeit und Freiheit. Niemand beaufsichtigte sie. Niemand unterwies sie. Die Professoren krochen vor ihr. Vor Gericht verhöhnten sie sie. Sir Egerton Brydges beklagte sich über ihre Grobheiten – ›wie sie von den Lippen eines hochgestellten weiblichen Wesens kommen, das vor Gericht gestellt ist‹. Sie schloß sich allein in Welbeck ein.

Welch eine Vision von Einsamkeit und Aufruhr uns der Gedanke an Margaret Cavendish vor Augen führt! Als ob eine Riesengurke sich über alle Rosen und Nelken im Garten geschoben und sie erstickt hätte. Welch eine Verschwendung, daß die Frau, die schrieb, ›die wohlerzogendsten Frauen sind jene, deren Verstand der gesittetste ist‹, ihre Zeit damit verzetteln sollte, Unsinn zu kritzeln und immer tiefer ins Dunkel und in den Irrsinn einzutauchen, bis die Leute ihre Kutsche umringten, wann immer sie ausfuhr. Offensichtlich wurde die verrückte Herzogin ein Schreckgespenst, mit dem man intelligente Mädchen einschüchterte. Hier, erinnerte ich mich, indem ich den Band der Herzogin wegstellte und die Briefe von Dorothy Osborne aufschlug, schreibt Dorothy an Temple über ein neues Buch der Herzogin. ›Ganz sicher ist die arme Frau ein bißchen verrückt, sie wäre sonst niemals so lächerlich gewesen, den Versuch zu wagen, ein Buch zu schreiben, noch dazu in Versen, selbst wenn ich vierzehn Tage nicht schlafen könnte, würde ich nicht auf so eine Idee kommen.‹

Da also keine Frau von Verstand und einiger Bescheidenheit Bücher schreiben konnte, schrieb Dorothy, die empfindsam und melancholisch war, vom Temperament her das ganze Gegenteil zur Herzogin, nichts. Briefe zählten nicht. Eine Frau konnte Briefe schreiben, während sie am Krankenbett ihres Vaters saß. Sie konnte sie am Kaminfeuer schreiben, während sich die Männer unterhielten, ohne sie zu stören. Das Merkwürdige ist, dachte ich, indem ich die Seiten von Dorothys Briefen umblätterte, welch eine Begabung dieses ungelehrte und einsame Mädchen für Satzbau, für den Aufbau einer Szene hatte. Hören Sie, wie sie fortfährt: ›Nach dem Abendessen sitzen wir und unterhalten uns, bis die Rede auf Mr. B. kommt, und dann gehe ich. Die heißen Stunden des Tages verbringe ich mit Lesen oder Arbeiten, und gegen sechs oder sieben Uhr gehe ich hinaus auf eine Gemeindewiese, die dicht beim Hause liegt, wo eine Menge junger Frauenzimmer Schafe und Kühe hüten und im Schatten sitzen und Balladen singen; ich gehe zu ihnen und vergleiche die Stimmen und ihre Schönheit mit denen früherer Schäferinnen, über die ich gelesen habe, und finde einen großen Unterschied, aber glaube mir, diese sind so unschuldig, wie jene nur hätten sein können. Ich rede mit ihnen und finde heraus, es fehlt ihnen nichts dazu, die glücklichsten Menschen auf der Welt zu sein, außer daß sie es nicht wissen. Meist schaut eine, während wir mitten im Gespräch sind, um sich und erspäht ihre Kuh, wie sie ins Korn geht, und dann rennen sie alle davon, als hätten sie Flügel an den Fersen. Ich, die ich nicht so beweglich bin, bleibe zurück, und wenn ich sie ihr Vieh nach Hause treiben sehe, denke ich, es ist auch für mich Zeit, mich zurückzuziehen. Wenn ich zu Abend gegessen habe, gehe ich in den Garten und nähe an einem kleinen Fluß, der an der Stelle vorüberfließt, an der ich mich niedersetze und wünsche, du wärst bei mir...‹

Man hätte schwören können, daß sie das Zeug zum Schriftsteller in sich hat. Aber ›und wenn ich vierzehn Tage nicht schlafen könnte, würde mir das nicht einfallen‹ – man kann den Widerstand messen, der gegen eine Frau, die schrieb, in der Luft hing, wenn man sieht, daß sogar eine Frau mit einer großen Neigung zur Literatur sich selbst dazu gebracht hat, zu glauben, daß ein Buch zu schreiben lächerlich sei, einen sogar verrückt erscheinen ließe. Und so kommen wir, fuhr ich fort und stellte den einzelnen Band mit Dorothy Osbornes Briefen wieder ins Regal, zu Mrs. Behn.

Und mit Mrs. Behn schwenken wir um eine sehr wichtige Ecke unserer Straße. Wir lassen die einsamen großen Ladies hinter uns, eingeschlossen in ihre Parks zwischen ihren Folianten, die ohne Leserschaft und Rezension schreiben, einzig zu ihrer eigenen Freude. Wir kommen in die Stadt und in Tuchfühlung mit einfachen Menschen auf den Straßen. Mrs. Behn war eine Frau der Mittelklasse mit allen plebejischen Gaben, Humor, Vitalität und Mut; eine Frau, die durch den Tod ihres Mannes und ein paar unglückliche eigene Abenteuer gezwungen war, von ihrem Verstand zu leben. Sie mußte mit Männern konkurrieren. Sie verdiente durch sehr harte Arbeit genug, um davon zu leben. Die Bedeutung dieser Tatsache wiegt alles auf, was sie wirklich schrieb, sogar das großartige ›*A thousand martyrs I have made*‹ oder *Love in Fantastic Triumph sat*‹, denn hier beginnt die Freiheit des Geistes oder vielmehr die Möglichkeit, daß im Laufe der Zeit der Geist sich frei macht zu schreiben, was er will. Denn nun, nachdem Aphra Behn es

Virginia und Roger Fry

getan hatte, konnten Mädchen zu ihren Eltern gehen und sagen ›Ihr braucht mir kein Taschengeld zu geben; ich kann mein Geld mit Schreiben verdienen‹. Natürlich war noch für viele Jahre die Antwort: ja, wenn du leben willst wie Aphra Behn –! Der Tod wäre besser! Und die Tür wurde fester zugeschlagen denn je. Dieses höchst interessante Thema – der Wert, den Männer auf die Keuschheit der Frau legten – und seine Auswirkung auf deren Erziehung, bietet sich hier zur Diskussion an und könnte ein interessantes Buch abgeben, falls eine Studentin in Girton oder Newnham sich die Mühe machte, sich damit zu beschäftigen. Lady Dudley, wie sie mit Diamanten behängt zwischen den Mücken eines schottischen Moors sitzt, könnte als Frontispiz dienen. Als Lady Dudley kürzlich starb, sagte die Times: ›Lord Dudley, ein Mann von kultiviertem Geschmack und vielen Verdiensten, war wohlwollend und großmütig, aber grillenhaft und despotisch. Er bestand darauf, daß seine Frau volle Toilette trug, selbst in der entlegensten Jagdhütte in den Highlands; er belud sie mit prachtvollen Juwelen‹, und so weiter, ›er gab ihr alles – das geringste Maß an Eigenverantwortung stets ausgenommen‹. Dann hatte Lord Dudley einen Schlaganfall, und sie pflegte ihn und verwaltete seine Liegenschaften mit äußerster Kompetenz bis ans Ende ihrer Tage. Diesen verschrobenen Despotismus gab es im 19. Jahrhundert auch.

Aber zurück zu unserem Thema. Aphra Behn bewies, daß mit Schreiben Geld verdient werden konnte, unter Aufgabe gewisser erwünschter Qualitäten vielleicht; und so wurde schrittweise das Schreiben nicht einfach ein Zeichen für Irrsinn und einen verrückten Verstand, sondern es bekam praktische Bedeutung. Ein Ehemann konnte sterben oder irgendein Unglück die Familie überkommen. Hunderte von Frauen fingen im Verlauf des 18. Jahrhunderts damit an, ihr Nadelgeld aufzubessern oder ihrer Familie zu Hilfe zu kommen, indem sie Übersetzungen anfertigten oder die zahllosen schlechten Romane schrieben, die man nicht einmal mehr in Textbooks anführt, die man aber in den Ramschkisten an Charing Cross Road finden kann. Die erhebliche geistige Aktivität, die sich im späten 18. Jahrhundert bei Frauen zeigt – das Reden, Sich-Treffen, das Verfassen von Essays über Shakespeare, das Übersetzen der Klassiker –, basierte auf der soliden Tatsache, daß Frauen mit Schreiben Geld verdienen konnten. Geld bringt zu Ehren, was als frivol gilt, solange es nicht bezahlt wird. Es mag vielleicht noch immer angehen, ›Blaustrümpfe, die es juckt zu kritzeln‹, zu verhöhnen, aber es kann nicht geleugnet werden, daß sie Geld dafür einstecken konnten. So vollzog sich gegen Ende des 18. Jahrhunderts eine Veränderung, die, hätte ich die Geschichte neu zu schreiben, ich ausführlicher beschreiben und für wichtiger halten würde als die Kreuzzüge oder die Rosenkriege. Die Frauen der Mittelklasse fingen an zu schreiben. Denn wenn *Stolz und Vorurteil* eine Bedeutung hat und *Middlemarch* und *Villette* und *Sturmhöhe*, dann ist diese Bedeutung weit größer, als ich in einem einstündigen Vortrag beweisen kann, nämlich, daß Frauen im allgemeinen sich dem Schreiben zuwandten und nicht nur die einsamen, in ihren Landhäusern zwischen ihren Folianten und Schmeichlern eingeschlossenen Aristokratinnen. Ohne diese Vorläuferinnen hätten Jane Austen und die Brontës und George Eliot ebensowenig schreiben können wie Shakespeare ohne Marlowe oder Marlowe ohne Chaucer oder Chaucer ohne jene vergessenen Dichter, die die Wege ebneten und die naturwüchsige Wildheit der Zunge zähmten. Denn Meisterwerke sind keine einsamen Einzelleistungen; sie sind das Ergebnis vieler Jahre gemeinsamen Nachdenkens, des Nachdenkens der Gesamtheit der Menschen, so daß hinter der einzelnen Stimme die Erfahrung der Masse steht. Jane Austen hätte Fanny Burney einen Kranz auf das Grab legen sollen und George Eliot dem robusten Schatten der Eliza Carter huldigen – dieser kühnen alten Frau, die sich eine Glocke an den Bettpfosten band, damit sie früh aufwachte, um Griechisch zu lernen. Alle Frauen zusammen sollten Blumen auf das Grab von Aphra Behn streuen, das sich höchst skandalöser aber ganz rechtmäßiger Weise in Westminster Abbey befindet, denn sie war es, die ihnen das Recht einbrachte, zu sagen, was sie denken. Sie ist es – etwas anrüchig und der Liebe zugetan, wie sie war –, die es mir nicht ganz und gar fanatisch erscheinen läßt, Ihnen heute abend zu sagen: Verdienen Sie Fünfhundert im Jahr mit Ihrem Verstand.

Und damit haben wir das frühe neunzehnte Jahrhundert erreicht. Und hier fand ich auch zum erstenmal mehrere Regale ganz den Werken von Frauen gewidmet. Aber warum, konnte ich nicht unterdrücken zu fragen, während ich meinen Blick über sie gleiten ließ, waren es, mit wenigen Ausnahmen, alles Romane? Der ursprüngliche Impuls war der zur Dichtung. Der ›supreme head of poetry‹ war eine Dichterin. Sowohl in Frankreich wie in England gehen die Dichterinnen den Romanschriftstellerinnen voraus. Außerdem, so dachte ich, indem ich auf die vier berühmten Namen sah, was hatte George Eliot mit Emily Brontë gemeinsam? Hatte sich nicht Charlotte Brontë völlig vergeblich bemüht, Jane Austen zu verstehen? Außer der vielleicht bedeutsamen Tatsache, daß nicht eine von ihnen Kinder hatte, konnte man keine vier ungleicheren Charaktere in einem Zimmer versammeln – dies gilt so sehr, daß es verlockend ist, ein Zusammentreffen und einen Dialog zwischen ihnen zu erfinden. Und doch, durch eine merkwürdige Kraft waren sie alle genötigt, wenn sie schrieben, Romane zu schreiben. Hatte es etwas damit zu tun, daß sie in die Mittelklasse geboren worden waren? fragte ich; und mit der Tatsache, die Miss Emily Davies wenig später so deutlich demonstrierte, daß die Mittelstandsfamilie im frühen 19. Jahrhundert nur einen einzigen gemeinsamen Wohnraum hatte? Wenn eine Frau schrieb, dann mußte sie im gemeinsamen Wohnraum schreiben, dort, wie Miss Nightingale so heftig klagte, ›haben Frauen niemals eine halbe Stunde..., die ihnen ganz allein gehört‹. Jedenfalls war es leichter, dort Prosa oder Fiction zu schreiben als Gedichte oder ein Stück. Weniger Konzentration ist notwendig. Jane Austen schrieb so bis ans Ende ihrer Tage. ›Wie sie imstande war, das alles zu bewerkstelligen‹, schreibt ihr Neffe in seinen Memoiren, ›ist überraschend, denn sie hatte kein separates Arbeitszimmer, in das sie sich zurückziehen konnte, und der größte Teil der Arbeit mußte im gemeinsamen Wohnzimmer geleistet werden, wo man allen Arten zufälliger Unterbrechung ausgesetzt war. Sie achtete darauf, daß ihre Arbeit von Bediensteten oder Besuchern oder gar von irgendwelchen Personen außerhalb der eigenen Familie nicht vermutet wurde.‹* Jane Austen versteckte ihre Manuskripte oder bedeckte sie mit einem Löschblatt. Außerdem war die ganze literarische Ausbildung, die Frauen im frühen 19. Jahrhundert hatten, eine Ausbildung in der Beobachtung von Charakteren, in der Analyse von Emotionen. Ihre Sensibilität war seit Jahrhunderten durch den Einfluß des gemeinsamen Wohnzimmers geschult worden. Die Gefühle der Menschen wurden ihr aufgedrängt: private Beziehungen waren ihr stets vor Augen. Als daher die Mittelstandsfrauen zu schreiben begannen, schrieben sie ganz natürlicherweise Romane, obgleich, offensichtlich genug, zwei der vier berühmten hier genannten Frauen nicht von Natur aus Romanschriftstellerinnen waren. Emily Brontë hätte Stücke in Versen schreiben sollen; der überschäumende, umfassende Verstand von George Eliot hätte sich, nachdem der schöpferische Impuls verausgabt war, der Geschichtsschreibung und Biographie zuwenden sollen. Dennoch schrieben sie Romane; man könnte sogar noch weitergehen, sagte ich mir und nahm *Stolz und Vorurteil* vom Regal, und könnte sagen, daß sie gute Romane schrieben. Ohne zu prahlen oder dem anderen Geschlecht weh zu tun, kann man sagen, daß *Stolz und Vorurteil* ein gutes Buch ist. Jedenfalls müßte man sich nicht schämen, wenn man beim Schreiben von *Stolz und Vorurteil* ertappt würde. Dennoch war Jane

* *Memoir of Jane Austen* von ihrem Neffen *James Edward Austen-Leigh.*

Austen froh darüber, daß eine Türangel quietschte, so daß sie ihr Manuskript verstecken konnte, bevor jemand eintrat. Für Jane Austen lag etwas Schimpfliches im Schreiben von *Stolz und Vorurteil.* Und so fragte ich mich, wäre *Stolz und Vorurteil* ein besserer Roman geworden, wenn Jane Austen ihr Manuskript nicht vor Besuchern hätte verstecken müssen? Ich las ein paar Seiten, um nachzusehen; aber ich konnte keinerlei Zeichen dafür finden, daß ihre Arbeitsumstände ihr Werk auch nur im mindesten beeinträchtigt hätten. Das war vielleicht das größte Wunder daran. Da gab es ungefähr um 1800 eine Frau, die ohne Haß, ohne Verbitterung, ohne Angst, ohne Protest, ohne zu predigen schrieb. So schrieb Shakespeare, dachte ich, und schaute auf *Antonius und Kleopatra*; und wenn die Leute Shakespeare und Jane Austen vergleichen, so meinen sie damit vielleicht, daß ihrer beider Verstand alle Hindernisse beseitigt hatte; und aus diesem Grund durchdringt Jane Austen jedes Wort, das sie schreibt, und so auch Shakespeare. Wenn Jane Austen auf irgendeine Weise unter ihren Umständen litt, so war es die Enge des Lebens, das ihr aufgezwungen war. Es war unmöglich für eine Frau, allein auszugehen. Sie reiste nie; sie fuhr nie im Omnibus durch London oder aß in einem kleinen Restaurant allein zu Mittag. Aber vielleicht lag es in der Natur von Jane Austen, nicht zu wünschen, was sie nicht hatte. Ihre Begabung und ihre Arbeitsumstände entsprachen einander vollständig. Aber ich bezweifle, ob das auf Charlotte Brontë zutraf, sagte ich und öffnete *Jane Eyre* und legte es neben *Stolz und Vorurteil.*

Ich schlug Kapitel 12 auf und mein Auge wurde eingefangen von dem Satz ›Tadele mich, wer will‹. Weshalb tadelte man Charlotte Brontë wollte ich wissen. Und ich las, wie Jane Eyre aufs Dach zu steigen pflegte, wenn Mrs. Fairfax Gelee kochte, und wie sie über die Felder hinweg die ferne Aussicht betrachtete. Und dann sehnte sie sich – und das war es, wofür man sie tadelte –, daß

ich mich dann nach einer Sehkraft sehnte, die diese Grenze überschreiten könnte; die bis in die geschäftige Welt reichte, in die Städte, in Gegenden voller Leben, von denen ich gehört, die ich aber nie gesehen hatte: dann wünschte ich mir

mehr praktische Erfahrung, als ich besaß; mehr Umgang mit meinesgleichen, mehr Kenntnis unterschiedlicher Charaktere, als ich hier in meiner Reichweite erwerben konnte. Ich sah wohl das Gute an Mrs. Fairfax und an Adele; aber ich glaubte an die Existenz anderer, lebendigerer Arten von Güte, und woran ich glaubte, das wollte ich auch sehen.
Wer will mich tadeln? Ganz sicher viele, und man wird mich unzufrieden nennen. Ich konnte es nicht ändern; die Rastlosigkeit lag in meiner Natur; bisweilen schüttelte sie mich, bis es schmerzte...
Es ist müßig zu sagen, daß menschliche Wesen sich mit Heiterkeit zufriedengeben sollten: Sie brauchen Tätigkeit; und sie werden sie sich schaffen, wenn sie keine finden. Millionen sind zu einem noch stilleren Schicksal als dem meinen verdammt, und Millionen stehen in stummer Revolte gegen ihr Los. Niemand weiß, wieviel Rebellion in den lebenden Massen gärt, die die Erde bevölkern. Frauen sind im allgemeinen sehr still: Aber Frauen fühlen genau wie Männer; sie brauchen Übung für ihre Fähigkeiten und ein Betätigungsfeld für ihre Energie, genau wie ihre Brüder; sie leiden unter zu rigider Zurückhaltung, unter totaler Stagnation, genau wie Männer darunter leiden würden; und es ist engstirnig von ihren privilegierten Mitmenschen, zu sagen, daß sie sich darauf beschränken sollten, Puddings zu kochen und Socken zu stricken, Piano zu spielen und Taschen zu besticken. Es ist gedankenlos, sie zu verurteilen oder auszulachen, wenn sie bestrebt sind, mehr zu tun oder mehr zu lernen, als die allgemeine Sitte für ihr Geschlecht nötig erklärt.
Auf diese Weise allein, hörte ich oft das Lachen von Grace Poole...

Das ist ein merkwürdiger Bruch, dachte ich. Es bringt einen aus der Fassung, so plötzlich auf Grace Poole zurückzukommen. Die Kontinuität ist gestört. Man könnte sagen, fuhr ich fort und legte das Buch wieder neben *Stolz und Vorurteil*, daß die Frau, die diese Seiten schrieb, mehr Genialität in sich hatte als Jane Austen; aber wenn man sie noch einmal liest und diesen plötzlichen Ruck darin bemerkt, diese Empörung, dann sieht man, daß sie ihr Genie niemals ganz und vollständig ausdrücken können wird. Ihre Bücher werden deformiert und verzerrt sein. Sie wird im Zorn schreiben, wo sie ruhig schreiben sollte. Sie wird töricht schreiben, wo sie weise schreiben sollte. Sie wird über sich selbst schreiben, wo sie über ihre Charaktere schreiben sollte. Sie steht mit ihrem Schicksal auf Kriegsfuß. Wie könnte sie anders als jung, verkrampft und verstockt sterben?

Man kann nicht umhin, für einen Augenblick mit dem Gedanken zu spielen, was geschehen wäre, wenn Charlotte Brontë über sagen wir dreihundert Pfund im Jahr verfügt hätte – aber die törichte Frau verkaufte das Copyright an ihren Romanen für den einmaligen Betrag von fünfzehnhundert Pfund; wenn sie nur mehr über dic Geschäftswelt und die Städte und die belebteren Gegenden gewußt hätte; mehr praktische Erfahrung, mehr Umgang mit ihresgleichen, mehr Bekanntschaft mit Menschen verschiedenster Prägung gehabt hätte. In jenen Worten legte sie den Finger nicht nur genau auf ihre eigenen Defekte als Romanschriftstellerin, sondern auch auf die ihres ganzen Geschlechts zu jener Zeit. Niemand wußte besser als sie, wie gewaltig ihr Genius davon profitiert hätte. Wenn er sich nicht an einsame Visionen beim Gang über entlegene Felder verausgabt hätte; wenn ihr Erfahrung und Umgang und Reisen vergönnt gewesen wären. Aber sie waren ihr nicht vergönnt; sie wurden ihr vorenthalten; und wir müssen die Tatsache akzeptieren, daß all jene guten Romane, *Villette*, *Emma*, *Sturmhöhe*, *Middlemarch*, von Frauen geschrieben wurden, die nicht mehr Lebenserfahrung hatten, als in das Haus eines ehrbaren Geistlichen dringen konnte; geschrieben zudem im gemeinsamen Wohnzimmer dieses ehrenwerten Hauses und von Frauen, die so arm waren, daß sie es sich nicht leisten konnten, mehr als ein paar Lagen Papier auf einmal zu kaufen, um darauf *Sturmhöhe* oder *Jane Eyre* zu schreiben. Eine von ihnen, das ist wahr, George Eliot, entkam nach großer Drangsal, aber nur bis zu einer einsamen Villa in St. John's Wood. Und dort ließ sie sich nieder, im Schatten ihrer Ablehnung durch die Welt. ›Ich wünsche, daß man zur Kenntnis nimmt, daß ich niemals jemanden einladen werde, mich besuchen zu kommen, der mich nicht ausdrücklich um die Einladung bittet‹; denn lebte sie nicht in Sünde mit einem verheirateten Mann und hätte nicht ihr Anblick die Keuschheit von Mrs. Smith, oder wer immer zufällig zu Besuch kam, beschädigen können? Man muß sich der sozialen Konvention beugen, und ›abgeschnitten sein von dem, was man die Welt nennt‹. Zur selben Zeit lebte am anderen Ende von Europa ein junger Mann frei mit einer Zigeunerin zusammen oder mit irgendeiner großen Lady; zog in den Krieg; sammelte ungehindert und unzensiert all jene vielfältigen Erfahrungen des menschlichen Lebens, die ihm später so großartig zustatten kamen, als er Zeit fand, seine Bücher zu schreiben. Hätte Tolstoi mit einer verheirateten Dame in der Abgeschiedenheit einer Propstei gelebt, ›abgeschnitten von dem, was man die Welt nennt‹, wie lehrreich diese Lektion auch hätte sein mögen, er hätte kaum, dachte ich, *Krieg und Frieden* schreiben können.

Aber man könnte vielleicht noch etwas weiter auf die Frage des Romaneschreibens und der Wirkung des eigenen Geschlechts auf den Romanautor eingehen. Wenn man die Augen schließt und an den Roman als ein Ganzes denkt, so erscheint er als eine Schöpfung, der eine gewisse Spiegelbild-Ähnlichkeit mit dem Leben zu eigen ist, wenn auch mit zahllosen Vereinfachungen und Verzerrungen. Auf jeden Fall ist es eine Struktur, die auf dem geistigen Auge ihren Umriß hinterläßt, bald als Innenhof erbaut, bald in Form einer Pagode, bald Seitenflügel und Arkaden ausbreitend, dann wieder solide, kompakt und mit Kuppeln wie die Kathedrale der Hl. Sofia in Konstantinopel. Diese Gestalt, dachte ich, indem ich an bestimmte berühmte Romane zurückdachte, findet ihren Ausklang in der einen Emotion, die ihr entspricht. Aber diese Emotion vermischt sich sofort mit anderen, denn die ›Gestalt‹ entsteht nicht durch das Aufeinanderfügen von Stein auf Stein, sondern aus der Beziehung von Mensch zu Mensch. Daher löst ein Roman in uns alle Arten von widerstreitenden und entgegengesetzten Gefühlen aus. Das Leben steht im Konflikt mit etwas, das nicht Leben ist. Daher die Schwierigkeit, über Romane zu einer gemeinsamen Meinung zu kommen, und über den gewaltigen Einfluß, den unsere privaten Vorurteile auf uns haben. Einerseits haben wir das Gefühl, Du – John, der Held, mußt leben, oder ich werde in die Tiefen der Verzweiflung stürzen. Andererseits finden wir, daß Ach, John, du sterben mußt, weil die Struktur des Buches es erfordert. Das Leben steht im Konflikt mit etwas, das nicht Leben ist. Denn, da es zum Teil Leben ist, beurteilen wir es als Leben. James ist ein Mann von der Art, die ich am meisten verabscheue, sagt man. Oder, Dies ist ein Mischmasch aus Absurditäten, ich könnte niemals selbst derart empfinden. Die ganze Struktur, das ist offensichtlich, ganz gleich, an welchen berühmten Roman man zurückdenkt, ist von unendlicher Komplexität, weil sie aus so vielen verschiedenen Urteilen zusammengesetzt ist, aus so vielen verschiedenen Arten von Emotionen. Das Wunder ist, daß jedes Buch, das so komponiert ist, weit länger als ein oder zwei Jahre zusammenhält und möglicherweise dem englischen Leser ebensoviel bedeuten kann wie dem russischen oder dem chinesischen. Aber sie halten mitunter auch auf sehr bemerkenswerte Weise zusammen. Und was sie zusammenhält in diesen raren Fällen des Überlebens (ich dachte an *Krieg und Frieden*), ist etwas, das man Integrität nennt, obwohl es nichts damit zu tun hat, daß man seine Rechnungen bezahlt und sich in einem Notfall ehrenhaft verhält. Was man im Fall des Romanautors mit Integrität meint, ist die Überzeugung, die er einem gibt, daß dies die Wahrheit ist. Ja, findet man, nie hätte ich gedacht, daß dies so sein könnte; ich habe nie gewußt, daß Leute sich so verhalten könnten. Aber du hast mich davon überzeugt, daß es so ist, daß so etwas geschieht. Man hält jeden Satz, jede Szene ans Licht, während man liest – denn die Natur scheint, seltsamerweise, uns mit einem inneren Licht ausgestattet zu haben, mit dessen Hilfe wir die vorhandene oder fehlende Integrität des Romanautors beurteilen können. Oder vielleicht ist es vielmehr so, daß die Natur, in ihrer irrationalsten Laune, in unsichtbarer Tinte eine Warnung an die Wände des Geistes geschrieben hat, die diesen großen Künstler bekräftigen; eine Skizze, die nur ans Feuer eines Genius gehalten zu werden braucht, um sichtbar zu werden. Wenn man sie so dem Licht aussetzt und in Erscheinung treten sieht, ruft man voller Entzücken aus, Aber das ist genau, was ich immer gefühlt und gewußt und ersehnt habe! Und man kocht über vor Begeisterung, und man schließt das Buch, mit einer Art Reverenz, als wäre es etwas sehr Kostbares, eine Stütze, auf die man zeit seines Lebens immer zurückgreifen kann, und stellt es ins Regal zurück, sagte ich, nahm *Krieg und Frieden* und stellte es wieder an seinen Platz. Wenn, andererseits, diese armen Sätze, die man nimmt und prüft, durch ihre leuchtenden Farben und ihre heftigen Gesten erst eine schnelle und begierige Reaktion auslösen, dann aber anhalten, weil etwas sie an ihrer Entwicklung zu hindern scheint; oder wenn sie nur ein schwaches Kritzeln in dieser Ecke und einen Klecks dort und nichts ganz vollständig ans Licht bringen, dann entläßt man einen Seufzer der Enttäuschung und sagt: Noch ein Versager. Dieser Roman ist irgendwo zu Schaden gekommen.

Natürlich kommen Romane meistens irgendwo zu Schaden. Die Phantasie kommt ins Stocken unter der gewaltigen Anstrengung. Der Scharfblick ist getrübt; er kann nicht länger unterscheiden zwischen richtig und falsch; er hat nicht länger die Kraft, fortzufahren mit der erdrückenden Arbeit, die in jedem Augenblick nach dem gleichzeitigen Gebrauch so vieler verschiedener Fähigkeiten verlangt. Aber wie würde dies alles vom Geschlecht des Romanautors beeinflußt werden, fragte ich mich und schaute auf *Jane Eyre* und die anderen. Würde die Tatsache ihres Geschlechts in irgendeiner Weise störend auf ihre Integrität als weiblicher Romanautor einwirken – auf jene Integrität, die ich für das Rückgrat des Schriftstellers halte? Nun, in den Passagen, die ich aus *Jane Eyre* zitiert habe, ist es ganz klar, daß Zorn auf die Integrität der Romanautorin Charlotte Brontë abgefärbt hatte. Sie ließ ihre Geschichte, der sie ihre ganze Aufmerksamkeit schuldete, fallen, um einem persönlichen Kummer nachzuhängen. Sie erinnerte sich, daß sie nach der nötigen Erfahrung ausgehungert war – daß sie Strümpfe stopfend in einem Pfarrhaus stagnieren mußte, während sie doch frei durch die Welt wandern wollte. Ihre Phantasie verlor über der Empörung das Ziel aus den Augen, und wir bemerken es. Aber es gab sehr viel mehr Einflüsse als den Zorn, die an ihrer Phantasie zerrten und sie von ihrem Pfad ablenkten. Unwissenheit zum Beispiel. Das Porträt von Rochester ist ganz im Dunkeln gezeichnet. Wir spüren den Einfluß von Angst darin; genau wie wir ständig eine Schärfe fühlen, die das Ergebnis von Unterdrückung ist, eines verdeckten Leidens, das unter ihrer Leidenschaft schwelt, eine Erbitterung, die diese Bücher, so großartig sie sind, in einem Spasmus des Schmerzes zusammenzieht.

Und da ein Roman eine Korrespondenz zum wirklichen Leben hat, sind seine Werte in gewissem Grade die des wirklichen Lebens. Aber es ist offensichtlich, daß die Werte der Frauen sehr oft von jenen Werten abweichen, die vom anderen Geschlecht gesetzt worden sind; natürlich ist das so. Dennoch sind es die männlichen Werte, die vorherrschen. Grob gesprochen sind Fußball und Sport ›wichtig‹. Die Anbetung der Mode, das Einkaufen von Kleidern ›trivial‹. Und diese Werte werden unvermeidlich vom Leben in den Roman übertragen. Dies ist ein wichtiges Buch, nimmt der Kritiker als erwiesen an, weil es vom Kriege handelt. Dies ist ein unbedeutendes Buch, weil es von den Gefühlen von Frauen in einem Wohnzimmer handelt. Eine Szene auf einem Schlachtfeld ist wichtiger als eine Szene in einem Laden – überall und in noch viel subtilerer Weise besteht der Unterschied der Werte fort. Die ganze Struktur des Romans des frühen 19. Jahrhunderts wurde daher auf den Kopf gestellt, wenn man eine Frau war mit einem leicht aus dem Lot gezerrten Verstand und gezwungen, die eigene klare Vorstellung in Rücksichtnahme auf eine äußere Autorität zu ändern. Man muß diese alten vergessenen Romane nur überfliegen und auf den Ton hören, in dem sie geschrieben sind, um zu erraten, daß die Autorin der Kritik ausgesetzt war; sie sagte dies voller Aggression, etwas anderes im Ton der Beschwichtigung. Sie gab zu, daß sie ›nur eine Frau‹ sei, oder protestierte, daß sie ›so gut sei wie ein Mann‹. Sie begegnete dieser Kritik je nach ihrem Temperament, mit Fügsamkeit und Schüchternheit oder voll Zorn und Emphase. Es ist nicht wichtig, mit welchen von beiden; sie dachte an etwas anderes als an die Sache selbst. Schon fällt uns das Buch auf den Kopf. Sein Zentrum hatte einen Riß. Und ich dachte an all die Romane von Frauen, die – wie kleine pockennarbige Äpfel im Obstgarten – in den Antiquariaten von London verstreut herumliegen. Es war jener Riß im Zentrum, der sie verdorben hatte. Sie hatte ihre eigenen Werte mit Rücksicht auf die Meinung anderer geändert.

Aber wie unmöglich muß es für sie alle gewesen sein, sich nicht nach rechts oder links von der Stelle zu rühren! Welchen Genius, wieviel Integrität muß es erfordert haben, angesichts von soviel Kritik, inmitten einer rein patriarchalischen Gesellschaft, an dem, was sie sahen, und so, wie sie es sahen, festzuhalten und keinen Deut zurückzuweichen! Nur Jane Austen gelang es und Emily Brontë. Das ist für beide noch eine Feder mehr am Hut, vielleicht die schönste. Sie schrieben wie Frauen schreiben, nicht wie Männer. Von all den Tausenden von Frauen, die damals Romane schrieben, ingnorierten nur sie die ständigen Ermahnungen des ewigen Pädagogen – schreibt dies, denkt das. Sie allein waren taub für diese fortwährende Stimme, bald nörgelnd, bald gönnerhaft, bald dominierend, bald gekränkt, bald schockiert, bald zornig, bald onkelhaft, jene Stimme, die Frauen nicht in Ruhe lassen kann, sondern immer hinter ihnen her ist, wie eine zu gewissenhafte Gouvernante, die, wie zum Beispiel Sir Egerton Brydges, sie beschwört, sich gebildet zu zeigen; die sogar in die Dichtungskritik eine Kritik am Geschlecht hineinzerrt*; die sie ermahnt – wenn sie gut sind und gewinnen, wie ich annehme, irgendeinen strahlenden Preis gewinnen – sich in gewissen Grenzen zu halten, die der besagte Gentleman für passend hält, ›... weibliche Romanautoren sollten nur nach einer Vortrefflichkeit streben, nämlich mutig die Grenzen ihres Geschlechts anzuerkennen.‹**

* ›(Sie) hat eine metaphysische Absicht, und das ist eine gefährliche Besessenheit, besonders für eine Frau, denn Frauen besitzen nur selten die gesunde Liebe der Männer zur Rhetorik. Es ist ein merkwürdiger Mangel in ihrem Geschlecht, das in anderen Dingen primitiver und materialistischer ist.‹
New. Criterion, Juni 1928

** ›Wenn Sie, wie der Berichterstatter, glauben, daß weibliche Romanautoren nur nach Vortrefflichkeit streben sollten, indem sie mutig die Grenzen ihres Geschlechts anerkennen (Jane Austen [hat] uns gezeigt, wie anmutig diese Geste zustande gebracht werden kann...).‹
Life and Letters, August 1928.

Das zwängt das Ganze in eine Nußschale, und wenn ich Ihnen, sehr zu Ihrer Überraschung, sage, daß dieser Satz nicht im August 1828, sondern im August 1928 geschrieben wurde, dann werden Sie mir darin zustimmen, glaube ich, daß, so köstlich es für uns jetzt ist, er doch eine weit verbreitete Meinung darstellt – ich möchte hier nicht alte Geschichten aufrühren; ich nehme nur auf, was der Zufall mir vor die Füße geschwemmt hat – und was vor einem Jahrhundert noch viel heftiger und lauter war. Es hätte 1828 einer sehr handfesten jungen Frau bedurft, um alle diese Zurückweisungen und Zänkereien und in Aussicht gestellten Belohnungen außer acht zu lassen. Man mußte so etwas wie eine Aufwieglerin sein, um sich zu sagen, Oh, aber die Literatur können sie nicht auch kaufen. Literatur ist für jeden da. Ich weigere mich, euch, obwohl ihr Pedelle seid, zu erlauben, mich vom Rasen zu weisen. Schließt eure Bibliotheken ab, wenn ihr wollt; aber es gibt kein Gatter, kein Schloß, keine Riegel, die ihr vor die Freiheit meines Geistes setzen könnt.

Aber welche Wirkung auch immer Entmutigung und Kritik auf ihr Schreiben gehabt haben mag – und ich glaube, daß sie eine sehr große Wirkung hatten –, das war unwichtig im Vergleich zu der anderen Schwierigkeit, vor der sie standen (ich dachte noch immer an die Autorinnen des frühen 19. Jahrhunderts), als sie sich daran machten, ihre Gedanken zu Papier zu bringen – das heißt, sie hatten keine Tradition hinter sich, oder eine so kurze und partielle, daß sie nur von geringer Hilfe war. Denn wir denken durch unsere Mütter zurück, wenn wir Frauen sind. Es ist zwecklos, auf die großen Männer als Hilfe zurückzugreifen, so gerne man das auch zum Vergnügen tun mag. Lamb, Browne, Thackeray, Newman, Sterne, Dickens, De Quincey – wer immer es sein mag – haben noch niemals einer Frau weitergeholfen, obwohl sie ihnen vielleicht ein paar Tricks abgeschaut und für ihre eigenen Zwecke eingesetzt haben mag. Das Gewicht, die Gangart, die Schrittweite von eines Mannes Geist sind dem ihren zu ungleich, um irgend etwas wirklich Wesentliches mit Gewinn zu stehlen. Der Apfel liegt zu weit vom Stamm. Das erste, was sie vielleicht herausfinden würde, sobald sie ihre Feder aufs Papier setzte, wäre, daß es keinen gewöhnlichen Satz gab, der für sie brauchbar war. Alle großen Romanschriftsteller wie Thackeray und Dickens oder Balzac haben eine natürliche Prosa geschrieben, flüssig, aber nicht liederlich, ausdrucksvoll, aber nicht kostbar, ihre eigene Tönung wählend, aber ohne aufzuhören, Allgemeingut zu sein. Sie begründeten ihr Schreiben auf dem, was zu ihrer Zeit üblich war. Und der Satz, der zu Beginn des 19. Jahrhunderts üblich war, klang etwa so: ›Die Größe ihrer Werke war ihnen ein Grund, nicht einzuhalten, sondern fortzufahren. Sie konnten keine größere Begeisterung oder Befriedigung finden als in der Ausübung ihrer Kunst und der endlosen Hervorbringung von Wahrheit und Schönheit. Erfolg treibt zur Anstrengung; und die Gewohnheit erleichtert den Erfolg.‹ Das sind die Sätze eines Mannes; hinter ihnen kann man Johnson, Gibbon und alle anderen sehen. Es war ein Satz, der für den Gebrauch einer Frau unschicklich war. Charlotte Brontë, mit ihrer ganzen herrlichen Begabung für Prosa, strauchelte und fiel mit dieser beschwerlichen Waffe in der Hand. George Eliot beging Scheußlichkeiten damit, die sich jeder Beschreibung entziehen. Jane Austen sah ihn sich an, lachte darüber und entwikkelte einen vollkommen natürlichen, wohlgeformten Satz, der sich für ihren Gebrauch eignete, und ließ nie wieder von ihm ab. So konnte sie mit weniger Genie zum Schreiben als Charlotte Brontë doch sehr viel mehr sagen. In der Tat, da Freiheit und Reichtum des Ausdrucks zum Wesen der Kunst gehören, muß ein solcher Mangel an Tradition, eine solche Knappheit und Unangemessenheit der Werkzeuge sich auf das Schreiben der Frauen enorm ausgewirkt haben. Außerdem wird ein Buch nicht gemacht, indem man einen Satz an den anderen reiht, sondern aus Sätzen, wenn ein bildlicher Vergleich helfen kann, die zu Arkaden und Kuppeln zusammengefügt werden. Und auch diese Form ist von Männern gemacht, aus ihren eigenen Bedürfnissen heraus und für ihre eigenen Zwecke. Es gibt keinen Grund, zu glauben, daß die Form des Epos oder des Schauspiels in Versen einer Frau mehr dient als der Satz. Aber alle älteren Formen der Literatur waren zu der Zeit, als sie Schriftstellerin wurde, schon erhärtet und etabliert. Nur der Roman war jung genug, in ihren Händen noch formbar zu sein – ein Grund mehr, vielleicht, warum sie Romane schrieb. Wer will aber sagen, daß sogar heute ›der Roman‹ (ich setze ihn in erfundene Anführungszeichen, um zu zeigen, als wie unangemessen ich das Wort empfinde), wer will sagen, daß sogar diese biegsamste aller Formen für ihren Gebrauch die richtige Gestalt hat? Ohne Zweifel werden wir sehen, daß sie ihn sich zurechtbiegt, wenn sie ihre Glieder frei bewegen kann; und sich so – nicht unbedingt aus Versen – ein neues Vehikel schafft für die Poesie, die in ihr ist. Denn es ist die Poesie, die herauszulassen noch verweigert wird. Und ich fuhr fort, weiter darüber nachzudenken, wie eine Frau heutzutage eine poetische Tragödie in fünf Akten schreiben würde. Würde sie Verse wählen – würde sie nicht lieber Prosa wählen?

Aber das sind schwierige Fragen, die im Zwielicht der Zukunft liegen. Ich muß sie hinter mir lassen, und wenn auch nur, weil sie mich dazu anregen, von meinem Thema weg in pfadlose Wälder abzuweichen, in denen ich mich verliere und sehr wahrscheinlich von wilden Tieren verschlungen werde. Ich will dieses düstere Thema, die Zukunft des Romans, nicht anschneiden, und hoffe, Sie erwarten das auch nicht von mir, so daß ich hier nur für einen Augenblick innehalte, um Ihre Aufmerksamkeit auf die große Rolle zu lenken, die in einer solchen Zukunft Frauen und ihren physischen Bedingungen zukommt. Das Buch muß auf irgendeine Weise dem Körper angepaßt werden, auf gut Glück würde man sagen, daß Bücher von Frauen kürzer, konzentrierter sein sollten als die von Männern, und so angelegt, daß ihre Herstellung nicht lange Stunden regelmäßigen und ununterbrochenen Arbeitens erfordert. Denn Unterbrechungen wird es immer geben. Auch sind die Nerven, die das Gehirn versorgen, bei Männern und Frauen verschieden, und wenn man sie dazu bringt, aufs beste und härteste zu arbeiten, muß man herausfinden, welche Behandlung ihnen gut tut – ob zum Beispiel jene Stunden des Vorlesens, die die Mönche, vermutlich vor Hunderten von Jahren, erfanden, ihnen gut tun – welcher Abfolge von Arbeit und Ruhe sie bedürfen, Ruhe nicht verstanden als Nichtstun, sondern vielmehr als etwas tun, aber etwas, das anders ist, und welcher Art sollte dieses Anderssein sein? All das sollte diskutiert und entdeckt werden; all dies ist ein Teil der Frage nach Frauen und Fiction. Und doch, so fuhr ich fort, indem ich mich wieder dem Regal näherte, wo werde ich diese ausführliche Studie zur Psychologie der Frauen von einer Frau finden? Wenn Frauen wegen ihrer Unfähigkeit, Fußball zu spielen, nicht zum Medizinstudium zugelassen werden –

Glücklicherweise wurde meinen Gedanken hier eine andere Wendung gegeben.

V

Auf meiner Suche war ich schließlich zu jenen Regalen gelangt, auf denen die Bücher der Lebenden standen; von Frauen und von Männern; denn heutzutage werden von Frauen fast so viele Bücher geschrieben wie von Männern. Oder wenn das nicht ganz zutrifft, wenn der Mann noch immer das zungenfertigere Geschlecht ist, so ist es doch gewiß wahr, daß Frauen nicht mehr nur Romane schreiben. Da sind Jane Harrisons Bücher über griechische Archäologie; Vernon Lees Bücher über Ästhetik; Gertrude Bells Bücher über Persien. Es gibt Bücher über Themen, an die noch vor einer Generation keine Frau hätte rühren können. Es gibt Gedichte und Theaterstücke und Kritik; es gibt Geschichtswerke und Biographien, Reisebeschreibungen und Werke der Lehre und Forschung; es gibt sogar einige wenige philosophische Werke und Bücher über Naturwissenschaften. Und obwohl Romane vorherrschen, so können die Romane selbst sich sehr wohl in der Verbindung mit Büchern aus einer anderen Feder verändert haben. Die natürliche Einfachheit, das epische Zeitalter der Frauenliteratur mag vorüber sein. Lektüre und Kritik mögen ihr einen weiteren Gesichtskreis, große Subtilität verliehen haben. Der Impuls zur Autobiographie mag verausgabt sein. Sie wird vielleicht anfangen, das Schreiben als Kunst zu betreiben, nicht als eine Methode, sich selbst auszudrücken. Unter diesen neuen Romanen mag man eine Antwort auf mehrere dieser Fragen finden.

Ich nahm wahllos eines von ihnen zur Hand. Es stand ganz am Ende des Bordes, hieß *Life's Adventure* oder so ähnlich, von Mary Carmichael, und war gerade diesen Oktober veröffentlicht worden. Es scheint ihr erstes Buch zu sein, sagte ich mir, aber man muß es lesen, als wäre es der letzte Band in einer ziemlich langen Serie, der all die anderen Bücher fortsetzt, in die ich bisher flüchtig hineingeschaut habe. – Lady Winchilseas Gedichte und Aphra Behns Stücke und die Romane der vier großen Romanautorinnen. Denn Bücher setzen einander fort, trotz unserer Gewohnheit, sie einzeln zu beurteilen. Und ich muß sie – diese unbekannte Frau – auch als eine Nachfahrin all jener anderen Frauen betrachten, deren Lebensumstände ich flüchtig untersucht habe, und muß sehen, was sie von ihren Charakteristika und Einschränkungen geerbt hat. Und weil Romane so oft ein schmerzstillendes Mittel bieten und kein Gegenmittel, einen in Betäubungsschlaf versetzen, anstatt einen mit brennendem Brandmal aufzuschrecken, ließ ich mich mit Notizbuch und Bleistift nieder, um aus Mary Carmichaels erstem Roman *Life's Adventure* das Beste zu machen.

Zuerst ließ ich mein Auge die Seite hinauf- und hinabgleiten. Ich werde zuerst die Gangart ihrer Sätze herausfinden, sagte ich mir, bevor ich mein Gedächtnis mit blauen und braunen Augen und der Beziehung belaste, die es vielleicht zwischen Chloë und Roger gibt. Dazu wird noch Zeit sein, wenn ich herausgefunden haben, ob sie eine Feder führt oder eine Spitzhacke. Also versuchte ich einen Satz oder zwei auf meiner Zunge. Bald war offensichtlich, daß irgend etwas nicht stimmte. Das fließende Gleiten von Satz zu Satz wurde unterbrochen. Irgend etwas zerrte, irgend etwas kratzte; ein einzelnes Wort hier und da schnellte mir seine Fackel ins Auge. Sie ließ sich gehen, wie sie in den alten Stücken sagen. Sie ist wie jemand, der ein Streichholz anreißt, das nicht brennen will, dachte ich. Aber warum, fragte ich sie, als wäre sie anwesend, sind Jane Austens Sätze nicht auch für dich von richtiger Gestalt? Müssen sie alle zum alten Eisen geworfen werden, weil Emma und Mr. Woodhouse tot sind? Ach, seufzte ich, wäre es doch so. Denn während Jane Austen von Melodie zu Melodie wechselt wie Mozart von Lied zu Lied, war diese Prosa zu lesen wie eine Fahrt in offenem Boot auf hoher See. Es hob einen hinauf, und man sank herab. Diese Bündigkeit, diese kurzen Stoßböen konnten bedeuten, daß sie vor irgend etwas Angst hatte; vielleicht hatte sie Angst, ›sentimental‹ genannt zu werden; oder sie erinnerte sich, daß von Frauen geschriebene Sprache ›blumig‹ genannt worden ist, und bietet darum einen Überfluß an Dornen an; aber bis ich nicht eine ganze Szene mit einiger Aufmerksamkeit gelesen habe, kann ich nicht sicher sein, ob sie sie selbst ist oder jemand anders. Auf jeden Fall drückt sie nicht auf die Vitalität, dachte ich und las sorgfältiger. Aber sie häuft zu viele Fakten an. Sie wird nicht imstande sein, die Hälfte davon in einem Buch dieses Umfangs auch zu gebrauchen. (Es war etwa der halbe Umfang von *Jane Eyre*.) Auf jeden Fall brachte sie es fertig, uns alle – Roger, Chloë, Olivia, Tony und Mr. Bingham – in einem Kanu den Fluß hinauf in Bewegung zu setzen. Warte einen Augenblick, sagte ich und lehnte mich in meinem Stuhl zurück, ich muß die ganze Sache genauer überdenken, bevor ich weitergehe.

Ich bin fast sicher, sagte ich mir, daß Mary Carmichael uns einen Streich spielt. Denn ich fühle mich, wie man sich auf einer Berg-und-Tal-Bahn fühlt, wo der Wagen, anstatt zu sinken, wie man es erwartet, sich wieder aufschwingt. Mary spielt mit der erwarteten Satzfolge. Zuerst zerbrach sie den Satz; jetzt hat sie die Satzfolge zerbrochen. Na gut, sie hat das Recht, beides zu tun, wenn sie es nicht um des Brechens willen tut, sondern wegen des schöpferischen Aspekts. Was von beiden es ist, kann ich nicht mit Sicherheit sagen, bis sie sich einer Situation gestellt hat. Ich werde ihr jede Freiheit lassen, sagte ich, sich auszusuchen, was für eine Situation es sein soll; sie kann sie aus Blechbüchsen machen und aus alten Kochtöpfen, wenn sie will; aber sie muß mich davon überzeugen, daß sie daran glaubt, daß es eine Situation ist; und wenn sie sie geschaffen hat, dann muß sie sich ihr stellen. Sie muß springen. Und, entschlossen, ihr gegenüber als Leser meine Pflicht zu tun, wie sie ihre Pflicht als Autorin mir gegenüber tun wird, blätterte ich die Seite um und las... Es tut mir leid, wenn ich jetzt abrupt abbrechen muß. Sind hier auch keine Männer anwesend? Versprechen Sie mir, daß hinter dem roten Vorhang dort nicht die Gestalt von Sir Chartres Biron verborgen ist? Hier sind nur Frauen, versichern Sie mir? Dann kann ich Ihnen verraten, daß die nächsten Worte, die ich las, lauteten – ›Chloë liebte Olivia...‹ Laufen Sie nicht davon. Werden Sie nicht rot. Lassen

Sie uns in unserer eigenen Gesellschaft zugeben, daß solche Dinge gelegentlich vorkommen. Manchmal lieben Frauen Frauen.

›Chloë liebte Olivia‹, las ich. Und dann traf es mich wie ein Schlag, welch eine immense Veränderung hier vorlag. Vielleicht zum ersten Mal in der Literatur kam es vor, daß Chloë Olivia liebte. Kleopatra liebte nicht Octavia. Und wie anders hätte *Antonius und Kleopatra* ausgesehen, wäre dies der Fall gewesen! So wie die Dinge liegen, dachte ich und ließ meine Gedanken, fürchte ich, ein bißchen von *Life's Adventure* abschweifen, ist die ganze Sache, wenn man so sagen darf, aufs absurdeste vereinfacht und konventionalisiert. Das einzige Gefühl, das Kleopatra für Octavia hat, ist das der Eifersucht. Ist sie größer als ich? Wie frisiert sie ihr Haar? Das Stück erforderte vielleicht nicht mehr. Aber wie interessant wäre es gewesen, wenn die Beziehung zwischen den beiden Frauen komplizierter gewesen wäre. Alle diese Beziehungen zwischen Frauen, dachte ich und rief mir schnell die strahlende Galerie erfundener Frauen ins Gedächtnis, sind zu simpel. So viel ist ausgelassen worden, unversucht geblieben. Und ich versuchte, mich an jeden Fall aus meiner bisherigen Lektüre zu erinnern, in dem zwei Frauen als Freundinnen dargestellt werden. Es gibt einen Versuch davon in *Diana of the Crossways*. Bei Racine und in den griechischen Tragödien sind sie, natürlich, Mitwisserinnen. Hier und da sind sie Mutter und Tochter. Aber fast ausnahmslos werden sie in ihrer Beziehung zu Männern dargestellt. Es war seltsam zu denken, daß bis zur Zeit von Jane Austen all die großen Frauen in Fiction nicht nur ausschließlich mit den Augen des anderen Geschlechts gesehen wurden, sondern auch ausschließlich in ihrer Beziehung zum anderen Geschlecht. Und ein wie kleiner Teil im Leben einer Frau ist das; und wie wenig kann ein Mann darüber wissen, wenn er es durch die schwarze oder rosa Brille betrachtet, die sein Geschlecht ihm auf die Nase setzt. Daher vielleicht die seltsame Natur der Frauen in Fiction; die erstaunlichen Extreme ihrer Schönheit oder Schrecklichkein; ihr Wechsel zwischen himmlischer Güte und höllischer Verderbtheit – denn so würde sie ein Liebhaber sehen, je nachdem, ob seine Liebe stieg oder sank, glücklich oder unglücklich war. Dies trifft natürlich nicht so sehr auf die Romanautoren des 19. Jahrhunderts zu. Hier wird die Frau sehr viel verschiedenartiger und komplizierter. In der Tat war es vielleicht der Wunsch, über Frauen zu schreiben, der die Männer dazu brachte, das poetische Drama, das in seiner Heftigkeit so wenig Verwendung für Frauen hatte, aufzugeben und den Roman als ein brauchbares Vehikel zu entwikkeln. Dennoch bleibt es offensichtlich, sogar in den Werken von Proust, daß ein Mann in seiner Kenntnis der Frauen schrecklich eingeschränkt und bruchstückhaft ist, so wie Frauen in ihrer Kenntnis der Männer.

Auch, fuhr ich fort und sah wieder auf die Buchseite hinab, wird augenfällig, daß Frauen wie Männer neben den jahraus, jahrein geübten Pflichten der Häuslichkeit noch andere Interessen haben. ›Chloë liebte Olivia. Sie hatten ein gemeinsames Labor…‹ las ich weiter und entdeckte, daß diese beiden jungen Frauen damit beschäftigt waren, Leber zu schaben, was, wie mir scheint, ein Mittel gegen bösartige Anämie ist; obgleich eine von ihnen verheiratet war und – ich denke, ich zitiere richtig – zwei kleine Kinder hatte. Nun, all das hatte natürlich ausgelassen werden müssen, und so geriet das glänzende Porträt zweier erfundener Frauen viel zu simpel und viel zu monoton. Nehmen wir zum Beispiel einmal an, daß Männer im Roman immer nur als die Liebhaber bestimmter Frauen vorkämen und niemals untereinander befreundet wären oder Soldaten, Denker, Träumer wären; wie wenige Rollen in Shakespeares Stücken könnten dann noch mit ihnen besetzt werden; wie würde die Literatur darunter leiden! Am meisten hätten wir vielleicht noch von Othello; und ziemlich viel von Antonius; aber kein Caesar, kein Brutus, kein Hamlet, kein Lear, kein Jaques – die Literatur wäre unglaublich verarmt, wie in der Tat die Literatur bis weit über unsere Vorstellung hinaus dadurch verarmt ist, daß sie sich den Frauen verschließt. Gegen ihren Willen verheiratet, in einem einzigen Zimmer festgehalten, bei einer einzigen Beschäftigung, wie könnte ein Dramatiker ein reiches oder interessantes oder wahres Bild von ihnen wiedergeben? Liebe war der einzig mögliche Interpret. Der

Dichter war gezwungen, leidenschaftlich oder verbittert zu sein, falls er nicht vorzog, ›Frauen zu hassen‹, was öfter als nicht bedeutete, daß er bei ihnen keinen Erfolg hatte.

Wenn Chloë Olivia liebt und sie ein gemeinsames Laboratorium haben, was allein schon ihre Freundschaft vielfältiger machen wird und dauerhafter, weil sie weniger persönlich sein wird; wenn Mary Carmichael zu schreiben versteht, und ich fing an, mich an einigen Qualitäten ihres Stils zu erfreuen; wenn sie ein Zimmer für sich allein hat, wessen ich nicht ganz sicher war; wenn sie fünfhundert im Jahr eigenes Einkommen hat – aber das muß erst noch bewiesen werden –, dann denke ich, daß etwas von großer Bedeutung geschehen ist.

Denn wenn Chloë Olivia liebt und Mary Carmichael weiß, wie sie es auszudrücken hat, dann wird sie eine Fackel in diesem großen Zimmer anzünden, in dem bisher noch niemand gewesen ist. Es herrschen Halbdämmer und tiefe Schatten, wie in jenen riesigen gewundenen Grotten, in denen man umhergeht und eine Kerze auf und nieder hält, weil man nicht weiß, wohin man tritt. Und ich fing wieder an, in dem Buch zu lesen, und las, daß Chloë Olivia beobachtete, wie sie einen Krug ins Regal stellte und sagte, daß es Zeit sei, zu ihren Kindern nach Hause zu gehen. Das ist ein Anblick, der seit Anbeginn der Welt noch nicht gesehen wurde, rief ich aus. Und ich schaute auch hin, sehr neugierig. Denn ich wollte sehen, wie Mary Carmichael sich ans Werk machte, jene unaufgezeichneten Gesten, jene ungesagten oder halbgesagten Worte einzufangen, die sich bilden, nicht handgreiflicher als die Schatten von Nachtfaltern an der Decke, wenn Frauen allein sind und nicht beleuchtet von dem kapriziösen und farbenreichen Licht des anderen Geschlechts. Sie wird den Atem anhalten müssen, sagte ich, indem ich weiterlas, wenn sie das tut; denn Frauen ist jedes Interesse an ihnen, hinter dem kein offensichtliches Motiv steht, so suspekt, sie sind so schrecklich an Verheimlichung und Unterdrückung gewöhnt, daß sie schon beim Zucken eines Auges, das sich beobachtend auf sie richtet, das Weite suchen. Die einzige Art, wie du es tun kannst, dachte ich

Virginia wurde von drei großen Meistern der Photographie aufgenommen: von dem Engländer G. C. Beresford, dem Amerikaner Man Ray und der Französin Gisèle Freund. Die Aufnahmen dieser und der folgenden Seiten machte Man Ray von Virginia, als sie etwa 45 Jahre alt war.

Man
Ray

und wandte mich an Mary Carmichael, als sei sie anwesend, wäre, über etwas anderes zu reden, während du ständig aus dem Fenster schaust, und nicht mit Bleistift und Notizbuch, sondern in der kürzesten Kurzschrift, in Worten, die bisher kaum in Silben gedacht wurden, festhältst, was geschieht, wenn Olivia – dieser Organismus, der Jahre im Schatten des Felsens gestanden hatte – fühlt, wie das Licht auf sie fällt, und ein seltsames Stück fremde Nahrung auf sich zukommen sieht – Wissen, Abenteuer, Kunst. Und sie greift danach, dachte ich und erhob meine Augen wieder von der Buchseite, und muß nun eine gänzlich neue Kombination ihrer Hilfsquellen erfinden, so hoch entwickelt für andere Zwecke, so als wollte sie das Neue in das Alte absorbieren, ohne das unendlich verwickelte und kunstvolle Gleichgewicht des Ganzen zu stören.

Aber ach, ich hatte getan, was ich auf keinen Fall hatte tun wollen; ich war unbedacht in das Lob meines eigenen Geschlechts ausgebrochen. ›Hochentwickelt‹ – ›unendlich verwickelt‹ – das sind unleugbar Ausdrücke des Lobes, und sein eigenes Geschlecht zu loben ist immer verdächtig, oft dumm: außerdem, wie konnte man es in diesem Fall rechtfertigen? Man konnte nicht zur Landkarte gehen und sagen, Columbus entdeckte Amerika, und Columbus war eine Frau; oder einen Apfel nehmen und bemerken, Newton entdeckte das Gesetz der Gravitation und Newton war eine Frau; oder in den Himmel schauen und sagen, es fliegen Flugzeuge über uns, und Flugzeuge wurden von Frauen erfunden. Es gibt keine Markierung an der Wand, die die genaue Größe der Frauen angibt. Es gibt kein säuberlich in Abschnitte von einem Zentimeter unterteiltes Metermaß, das man an die Qualitäten einer guten Mutter oder an die Zuneigung einer Tochter oder die Treue einer Schwester oder die Tüchtigkeit einer Haushälterin anlegen kann. Sogar noch heute haben nur wenige Frauen ein abgeschlossenes Universitätsstudium; die großen Prüfungskomitees der Berufe in Armee und Marine, Handel, Politik und Diplomatie haben sie kaum geprüft. Sie bleiben sogar heute noch fast unklassifiziert. Wenn ich aber alles wissen will, was ein menschliches Wesen über Sir Hawley Butts zum Beispiel sagen kann, dann muß ich nur Burke oder Debrett aufschlagen, und ich werde feststellen, daß er die und die Prüfung abgelegt hat; einen Landsitz hat; einen Erben hat; Vorsitzender eines Aufsichtsrats war; Großbritannien in Kanada repräsentiert hat; und eine ganze Anzahl von Titeln, Ämtern, Auszeichnungen und andere Ehrungen erhalten hat, durch die ihm der Stempel seiner Verdienste unauslöschlich aufgedrückt ist. Nur die Vorsehung kann über Sir Hawley Butts mehr wissen als das.

Wenn ich daher ›hochentwickelt‹, ›unendlich verwickelt‹ über Frauen sage, so bin ich nicht in der Lage, meine Worte weder im Whitaker noch im Debrett oder im Universitätskalender zu belegen. Was kann ich in dieser schlimmen Lage tun? Und ich schaute wieder auf das Regal. Da standen die Biographien: Johnson und Goethe und Carlyle und Sterne und Cowper und Shelly und Voltaire und Browning und viele andere. Und ich fing an, an all die anderen großen Männer zu denken, die aus dem einen oder anderen Grunde bewundert haben, begehrt haben, gelebt haben mit, vertraut haben auf, geschlafen haben mit, geschrieben haben über, sich verlassen haben auf und gezeigt haben, was nur beschrieben werden kann als ein Bedürfnis nach und eine Abhängigkeit von gewissen Personen des anderen Geschlechts. Daß alle diese Beziehungen absolut platonisch waren, würde ich nicht behaupten, und Sir Joynson Hicks würde es vielleicht sogar verneinen. Wir würden diesen illustren Männern aber großes Unrecht tun, wenn wir darauf bestünden, daß sie aus allen diesen Verbindungen nur Annehmlichkeiten, Schmeichelei und körperliche Freuden gezogen hätten. Was sie davon hatten, ist offensichtlich etwas, das ihr eigenes Geschlecht ihnen nicht bieten konnte; und es wäre vielleicht gar nicht so tollkühn, es, ohne die zweifellos überschwenglichen Worte der Dichter zu zitieren, als ein Stimulans, eine Belebung der schöpferischen Kraft näher zu definieren, die nur in der Begabung des anderen Geschlechts zu finden ist. Er würde die Tür des Wohnzimmers oder des Kinderzimmers öffnen, dachte ich, und sie vielleicht mit den Kinder spielend finden oder mit einer Stickerei auf den Knien – in jedem Fall als Zentrum einer anderen Lebensordnung und eines anderen Lebenssystems, und der Kontrast zwischen dieser Welt und seiner eigenen, die vielleicht die des Gerichts oder des Unterhauses ist, würde ihn sofort erfrischen und beleben; und es würde, selbst in der einfachsten Unterhaltung, ein so natürlicher Unterschied der Meinungen folgen, daß die vertrockneten Ideen in ihm neu fruchtbar gemacht würden; und der Anblick, sie in einem anderen Medium als dem seinen schöpferisch zu sehen, würde seine schöpferische Kraft so beleben, daß sein steriler Verstand unmerklich wieder zu entwerfen anfangen und er den Satz oder die Szene finden würde, die ihm fehlte, als er seinen Hut aufsetzte, um sie zu besuchen. Jeder Johnson hat seine Thrale und hält aus mancherlei ähnlichen Gründen fest zu ihr, und wenn Thrale ihren italienischen Musiklehrer heiratet, wird Johnson halb verrückt vor Zorn und Abscheu, nicht nur, weil er nun seine angenehmen Abende in Streatham vermissen, sondern weil das Licht seines Lebens ›wie erloschen‹ sein wird.

Und auch ohne Dr. Johnson oder Goethe oder Carlyle oder Voltaire zu sein kann man vielleicht, wenn auch sehr anders als diese großen Männer, die Natur dieser Kompliziertheit und die Kraft dieser hochentwickelten schöpferischen Gabe in Frauen fühlen. Man geht ins Zimmer – aber die Quellen der englischen Sprache würden zu sehr strapaziert und ganze Wortfolgen müßten illegitimerweise ihren Flug in die Existenz antreten, bevor eine Frau sagen könnte, was geschieht, wenn sie in ein Zimmer geht. Zimmer sind so verschieden voneinander; sie sind ruhig oder voller Donnergrollen; öffnen sich zum Meer oder auf einen Gefängnishof; sind mit Wäsche verhängt; oder von Opalen und Seide belebt; sind hart wie Pferdehaar oder weich wie Federn; man muß nur in irgendeiner Straße in ein Zimmer gehen, um die ganze außerordentlich komplexe Kraft der Feminität sich ins Gesicht wehen zu lassen. Wie sollte es auch anders sein? Denn Frauen sitzen seit Millionen von Jahren zu Haus, so daß im Laufe der Zeit die Wände getränkt sind von ihrer schöpferischen Kraft, die, in der Tat, die Fassungskraft der Ziegel und des Mörtels so überladen hat, daß sie sicht jetzt Feder und Pinsel und Business und Politik zuwenden muß.

Aber diese schöpferische Kraft unterscheidet sich sehr von der schöpferischen Kraft der Männer. Und man muß schließen, daß es tausendmal schade wäre, wenn sie behindert oder verschwendet würde, denn sie wurde in Jahrhunderten drastischer Disziplin erlangt, und nichts kann sie ersetzen. Es wäre tausendmal schade, wenn Frauen wie Männer schrieben oder wie Männer liebten oder wie Männer aussähen, denn wenn zwei Geschlechter ganz und gar verschieden sind, wie könnten wir in Anbetracht der Größe und Vielfalt der Welt mit nur einem auskommen? Sollte Erziehung nicht vielmehr die Unterschiede herausbringen und verstärken anstatt die Ähnlichkeiten? Denn in Wirklichkeit haben wir zu viel Ähnlichkeiten, und wenn ein Forscher zurückkommen sollte und uns Nachricht brächte von anderen Geschlechtern, die in anderen Himmeln durch die Zweige anderer Bäume schauen, so könnte nichts der Menschheit von größerem Nutzen sein; und wir würden das enorme Vergnügen haben, Professor X dabei beobachten zu können, wie er nach seinem Metermaß rennt, um sich als ›überlegen‹ zu beweisen.

Mary Carmichael, dachte ich, immer noch in einigem Abstand über der Buchseite verweilend, wird ihre Arbeit ausschließlich als Beobachterin auffassen. Ich fürchte allen Ernstes, daß sie etwas zu werden sucht, was ich für die weniger interessante Branche der Gattung halte – eine naturalistische Romanschriftstellerin, und nicht eine kontemplative. Es gibt so viele neue Fakten für sie zu beobachten. Sie wird sich nicht länger auf die respektablen Häuser der oberen Mittelklasse beschränken müssen. Sie wird ohne Freundlichkeit oder Herablassung, sondern in schwesterlicher Zuneigung in diese kleinen, wohlriechenden Zimmer eintreten, in denen die Kurtisanen, die Huren und die Ladies mit ihrem Mops sitzen. Da sitzen sie noch immer, in ihren groben Kleidern von der Stange, die der männliche Schriftsteller ihnen gewaltsam über die Schultern geworfen hat. Aber Mary Carmichael wird ihre Schere hervorziehen und sich jeder Körperfalte und -kurve anpassen. Es wird ein merkwürdiger Anblick sein, wenn es dazu kommt, diese Frauen zu sehen, wie sie wirklich sind, aber wir müssen ein bißchen warten, denn Mary Carmichael wird noch belastet sein mit jenem Selbst-Bewußtsein in Gegenwart von ›Sünde‹, die das Vermächtnis unserer sexuellen Barbarei ist. Sie wird noch immer die erbärmlichen alten Fesseln ihrer Klasse an den Füßen tragen.

Wie dem auch sei, die Mehrheit der Frauen sind weder Huren noch Kurtisanen; noch sitzen sie den ganzen Sommernachmittag auf staubigem Plüsch und tätscheln Möpse. Aber was tun sie dann? Und hier kam mir eine jener langen Straßen in Erinnerung, irgendwo südlich des Flusses, deren endlose Häuserreihen zahllos bevölkert sind. Mit dem Auge der Phantasie sah ich eine sehr alte Dame am Arm einer Frau mittleren Alters, vielleicht ihrer Tochter, die Straße überqueren, beide so respektabel beschuht und in Pelzwerk gekleidet, daß ihr Ankleiden am Nachmittag ein Ritual sein und die Garderobe Jahr um Jahr für die Dauer der Sommermonate in Schränke mit Kampfer gehängt werden muß. Sie überqueren die Straße, wenn die Lampen angezündet werden (denn die Dämmerung ist ihre liebste Stunde), wie sie es sicher Jahr um Jahr getan haben. Die ältere ist fast achtzig; aber fragte man sie, was ihr Leben ihr bedeutet, so würde sie sagen, daß sie sich daran erinnere, wie die Straßen wegen der Schlacht von Balaclava illuminiert oder wie die Geschütze im Hyde Park für die Geburt von König Edward VII. abgefeuert wurden. Und wenn man in dem Versuch, den Augenblick auf Datum und Jahreszeit festzulegen, sie fragte, ›Aber was haben Sie am 5. April 1868 gemacht oder am 2. November 1875‹, so würde sie vage dreinschaun und sagen, daß sie sich an nichts erinnere. Denn alle Dinners sind gekocht; die Teller und Tassen gespült; die Kinder in die Schule geschickt und in die Welt entlassen; von alledem bleibt nichts. Alles ist vergangen. Keine Biographie oder Geschichte weiß darüber ein Wort zu sagen. Und die Romane, ohne es zu wollen, lügen unvermeidlicherweise.

Alle diese unendlich obskuren Leben sind noch aufzuzeichnen, sagte ich, indem ich mich an Mary Carmichael wendete, als wäre sie anwesend; und in meinen Gedanken ging ich weiter durch die Straßen von London und fühlte in meiner Phantasie den Druck der Stummheit, die Anhäufung unerzählten Lebens, sei es das der Frauen an den Straßenecken, Frauen mit in die Seiten gestemmten Armen und in ihre fetten, geschwollenen Finger gebetteten Ringen und einer Gebärdensprache vom Schwung Shakespearescher Worte; oder sei es das Leben der Veilchenverkäuferinnen und Streichholzverkäuferinnen und der alten Weiber, die in den Torwegen stehen; oder der Treberinnen, deren Gesichter wie die Wogen bei Sonne und Wolken das Herannahen von Männern und Frauen signalisieren und das flackernde Licht der Schaufenster widerspiegeln. Alles das wirst du erforschen müssen, sagte ich zu Mary Carmichael, und deine Fackel fest in der Hand halten müssen. Vor allem mußt du deine eigene Seele in ihren Tiefen und Untiefen, ihren Eitelkeiten und Großzügigkeiten ausleuchten, und du wirst sagen müssen, was deine Schönheit oder dein unscheinbares Aussehen für dich bedeutet und welcher Art deine Beziehung zu der ständig wechselnden und sich ewig drehenden Welt ist, der Welt der Handschuhe und Schuhe, der wippenden Stoffe, eines Hauchs von Duft aus den Flaschen der Chemiker, der Arkaden aus Kleiderstoffen, die bis zu einem Boden aus falschem Marmor hinabfallen. Denn in meiner Vorstellung hatte ich einen Laden betreten; er war mit schwarzweißen Kacheln ausgelegt; er war auf erstaunlich schöne Weise mit bunten Bändern ausgehängt. Mary Carmichael hätte gut im Vorübergehen einen Blick hier hineinwerfen können, dachte ich, denn es ist ein Anblick, der sich der Feder als ebenso angemessen anbieten würde wie irgendein schneebedeckter Gipfel oder eine felsige Schlucht in den Anden. Und da ist auch noch das Mädchen hinter dem Ladentisch – ich würde ihre wirkliche Geschichte ebenso gern kennen wie die hundertfünfzigste Biographie Napoleons oder die siebzigste Untersuchung über Keats und seinen Gebrauch der Miltonschen Inversion, die der alte Professor Z. und seinesgleichen jetzt verfassen. Und dann ging ich sehr behutsam weiter, ganz auf Zehenspitzen (so feige bin ich, so voller Angst vor der Schlinge, die mir einst beinahe selbst übergeworfen worden wäre), um ihr zuzuflüstern, daß sie auch lernen sollte, ohne Verbitterung über die Eitelkeiten – oder sagen wir besser die Eigenheiten, weil das ein weniger kränkendes Wort ist – des anderen Geschlechts zu lachen. Denn da gibt es einen Fleck am eigenen Hinterkopf, so groß wie ein Markstück, den man nie selbst sehen kann. Es ist einer der guten Dienste, die ein Geschlecht dem anderen leisten kann, diesen markstückgroßen Fleck am Hinterkopf zu beschreiben. Bedenken Sie doch, wieviel die Frauen von den Kommentaren des Juvenal profitiert haben; von der Kritik eines Strindberg. Bedenken wir, mit wieviel Menschlichkeit und Brillanz Männer von frühesten Zeiten an den Frauen diesen dunklen Fleck am Hinterkopf aufgezeigt haben! Und wenn Mary sehr mutig und ehrlich wäre, würde sie hinter das andere Geschlecht treten und uns sagen, was sie da gesehen hat. Ein wahres Bild des Mannes als einem ganzen kann niemals gezeichnet werden, bevor nicht eine Frau diesen markstückgroßen Fleck beschrieben hat. Mr. Woodhouse und Mr. Casaubon sind Flecken von dieser Größe und Art. Es ist natürlich nicht so, daß jemand, der noch bei Verstand ist, ihr raten würde, etwas mit bestimmter Absicht der Verachtung und dem Spott auszusetzen – die Literatur zeigt die Fruchtlosigkeit all dessen, was in diesem Geiste geschrieben worden ist. Sei wahrhaftig, würde man sagen, und das Ergebnis wird mit Sicherheit erstaunlich interessant sein. Die Komödie wird bereichert. Neue Fakten werden entdeckt.

Dennoch, es war höchste Zeit, meinen Blick wieder auf die Buchseite zu richten. Es wäre besser, wenn ich, anstatt darüber zu spekulieren, was Mary Carmichael schreiben würde oder sollte, nachschaute, was sie wirklich geschrieben hat. Also fing ich wieder an zu lesen. Ich erinnerte mich, daß ich gewisse Einwände gegen sie hatte. Sie hatte Jane Austens Sätze zerbrochen und mir so keine Gelegenheit gegeben, mich mit den Federn meines unfehlbaren Geschmacks und wählerischen Ohrs zu schmücken. Denn es war unsinnig zu sagen: ›Ja, ja, das ist sehr hübsch; aber Jane Austen schrieb viel besser als du‹, wenn ich zugeben mußte, daß es keinen Grund für Ähnlichkeiten zwischen ihnen gab. Denn sie war weitergegangen und hatte die Satzfolge zerbrochen – die erwartete Ordnung. Vielleicht hatte sie dies unbewußt getan, einfach, indem sie den Dingen ihre natürliche Ord-

Virginia um die 50.
Photo mit freundlicher Genehmigung von Gisèle Freund.

nung gab, wie eine Frau das tun würde, wenn sie schriebe wie eine Frau. Aber die Wirkung war irgendwie verwirrend; keine einzige Woge sah man sich erheben, keine Krisis um die nächste Ecke kommen. Ich konnte mich daher auch weder mit den Federn der Tiefe meiner Gefühle noch mit denen meiner profunden Kenntnis des menschlichen Herzens schmücken. Denn immer, wenn ich die gewohnten Dinge an der gewohnten Stelle fühlte, über Liebe, über Tod, dann zupfte diese lästige Person mich weg, als sei der wichtige Punkt genau ein kleines bißchen weiter drüben. Und so machte sie es mir unmöglich, meine wohltönenden Sätze über ›elementare Gefühle‹, den ›alltäglichen Kram der Menschlichkeit‹, ›die Tiefe des menschlichen Herzens‹ und all jene Sätze auszurollen, die uns in dem Glauben bestärken, daß, so gewitzt wir an der Oberfläche auch sein mögen, wir darunter sehr ernsthaft, sehr tiefgründig und sehr human sind. Sie ließ mich fühlen, daß, anstatt ernsthaft und tiefgründig und menschlich zu sein, man im Gegenteil – und der Gedanke war weit weniger verführerisch – obendrein einfach nur denkfaul und konventionell sein konnte.

Aber ich las weiter und bemerkte gewisse Fakten. Sie war kein ›Genie‹ – das war evident. Sie hatte nicht die Liebe zur Natur, die flammende Phantasie, die wilde Poesie, den brillanten Witz, die brütende Weisheit ihrer großen Vorgängerinnen, Lady Winchilsea, Charlotte Brontë, Emely Brontë, Jane Austen und George Eliot; sie konnte nicht mit der Musikalität und Würde einer Dorothy Osborne schreiben – in der Tat, sie war einfach nur ein kluges Mädchen, dessen Bücher ohne Zweifel nach Ablauf von zehn Jahren von den Verlegern eingestampft werden. Aber trotzdem hatte sie gewisse Vorteile, die Frauen von weitaus größerer Begabung sogar vor einem halben Jahrhundert entbehrten. Männer waren nicht mehr das ›feindliche Lager‹; sie brauchte ihre Zeit nicht damit zu verlieren, über sie zu spotten; sie brauchte nicht aufs Dach zu klettern und ihren Geist damit zu ruinieren, daß sie sich nach Reisen sehnte, nach Erfahrungen und einer Kenntnis der Welt und des menschlichen Charakters, die ihr allesamt verweigert wurden. Angst und Haß waren fast vergangen, oder Spuren davon zeigten sich nur in einer leichten Überbetonung der Freude an der Freiheit, einer Tendenz zum Kauzischen und Satirischen statt zum Romantischen, in ihrer Behandlung des anderen Geschlechts. Es konnte außerdem keinen Zweifel darüber geben, daß sie als Romanschriftstellerin über einige Vorzüge erster Ordnung verfügte. Sie hatte eine Sensibilität, die umfassend, begierig und frei war. Sie reagierte auf jede fast unmerkliche Berührung. Wie eine Pflanze, die erst kürzlich ins Freie verpflanzt worden ist, schwelgte sie in allen Ausblicken und Geräuschen, die sie erreichten. Sehr empfindsam und neugierig streifte sie auch zwischen fast unbekannten und kaum registrierten Dingen umher: sie richtete ihr Licht auf kleine Dinge und zeigte, daß sie vielleicht gar nicht so klein waren. Sie brachte begrabene Dinge wieder ans Licht und ließ einen fragen, aus welchem Grund man sie wohl vergraben hatte. Obwohl sie unbeholfen war und ohne die unbewußte Bürde weit zurückreichender Herkunft, die die kleinste Bewegung der Feder eines Thackeray oder eines Lamb zum Entzücken des Ohrs macht, hatte sie – so fing ich an zu meinen – die erste große Lektion bewältigt; sie schrieb als Frau, aber als eine Frau, die vergessen hat, daß sie eine Frau ist, so daß ihre Seiten voll sind von jener seltsamen geschlechtlichen Qualität, die nur entsteht, wenn das Geschlecht sich seiner nicht bewußt ist.

All dieses stand zum besten. Aber keine Fülle von Sinneseindrücken und keine Zartheit der Wahrnehmung würde nützen, wenn sie nicht aus dem Vergänglichen und dem Persönlichen jenes dauerhafte Gebäude errichten konnte, das unzerstört bleibt. Ich hatte gesagt, daß ich warten würde, bis sie sich einer ›Situation‹ stellte. Und ich meinte damit, bis sie durch Herausrufen, Herbeiwinken und Zusammenstellen bewies, daß sie nicht nur ein Schaumlöffel für Oberflächen war, sondern hinab in die Tiefe gesehen hatte. Jetzt ist es an der Zeit, würde sie sich in einem bestimmten Augenblick sagen, da ich, ohne etwas Gewalttätiges zu tun, die Bedeutung all dessen zeigen kann. Und sie würde beginnen – wie unmißverständlich dieses Wiederbeleben ist! – herbeizuwinken und heraufzurufen, und es würden, halbvergessen, in unserem Gedächtnis vielleicht ganz triviale Dinge sich erheben, die in anderen Kapiteln ganz nebenbei erwähnt worden waren. Und sie würde ihre Anwesenheit spürbar machen, während jemand nähte oder so natürlich wie möglich eine Pfeife rauchte, und während sie fortfuhr zu schreiben, würde man sich fühlen, als sei man auf den Gipfel der Welt gestiegen und sähe sie nun, sehr majestätisch da unten vor sich ausgebreitet.

Auf jeden Fall machte sie den Versuch. Und während ich beobachtete, wie sie sich für die Untersuchung ausbreitete, sah ich, hoffte aber, daß sie es nicht sehen würde, wie all die Bischöfe und Dekane, die Doktoren und Professoren, die Patriarchen und Pädagogen ihr Warnungen und Ratschläge zuriefen. Dies könne sie doch nicht machen, und das dürfen sie nicht machen! Nur Kollegiumsmitglieder und Studenten dürfen auf den Rasen! Damen ohne Empfehlungsschreiben sind nicht zugelassen! Aufstrebende und anmutige weibliche Romanschriftstellerinnen hier entlang! So riefen sie ihr ständig zu wie die Menge am Zaun der Rennbahn, und ihre Prüfung war, das Hindernis zu nehmen, ohne nach rechts oder links zu schauen. Wenn du stehenbleibst, um zurückzufluchen, bist du verloren, sagte ich zu ihr; auch, wenn du stehenbleibst, um zu lachen. Ein Zögern oder suchendes Tasten, und du hast ausgespielt. Denke nur an den Sprung, beschwor ich sie, als hätte ich all mein Geld auf sie gesetzt; und sie nahm die Hürde wie ein Vogel. Aber da war noch ein Hindernis hinter diesem und noch ein Hindernis hinter dem. Ob sie das Durchstehvermögen haben würde, bezweifelte ich, denn das Klatschen und Schreien zerrte an den Nerven. Aber sie tat ihr Bestes. Wenn man bedenkt, daß Mary Carmichael kein Genie war, sondern ein unbekanntes Mädchen, das seinen ersten Roman schrieb, in einem Wohn-Schlaf-Zimmer, in Ermangelung all jener wünschenswerten Dinge wie Zeit, Geld und Muße – dafür machte sie ihre Sache gar nicht so schlecht, dachte ich.

Geben wir ihr noch weitere hundert Jahre, so schloß ich, indem ich das letzte Kapitel las – die Nasen und bloßen

Schultern der Leute starrten nackt gegen den Sternenhimmel, weil jemand den Vorhang im Wohnzimmer zurückgezogen hatte – gebt ihr ein Zimmer für sich allein und fünfhundert im Jahr, laßt sie sagen, was sie denkt, und die Hälfte weglassen von dem, was sie jetzt hineinpackt, und sie wird eines Tages ein besseres Buch schreiben. Sie wird eine Dichterin sein, sagte ich, und stellte *Life's Adventure* von Mary Carmichael ans Ende des Bücherbords – in hundert Jahren.

VI

Am nächsten Tag fiel das Licht des Oktobermorgens in staubigen Bündeln durch das vorhanglose Fenster, und das Summen des Verkehrs kam von der Straße herauf. London zog sich wieder auf; die Fabrik fing an sich zu rühren; die Maschinen begannen zu arbeiten. Es war verlockend, nach so viel Lektüre aus dem Fenster zu schauen und zu sehen, was London am Morgen des 26. Oktober 1928 so trieb. Und was trieb London? Niemand, so schien es, las *Antonius und Kleopatra*. Shakespeares Stücke, so schien es, waren London völlig gleichgültig. Niemand – und ich verarge es ihnen nicht – kümmerte sich einen Deut um die Zukunft der Fiction, den Tod der Dichtung oder um die Entwicklung eines Prosastils durch junge Durchschnittsfrauen zu einem vollkommenen Werkzeug, ihre Gedanken auszudrücken. Wenn Meinungen zu irgendeiner dieser Fragen mit Kreide aufs Pflaster geschrieben worden wären, niemand wäre stehhengeblieben, sie zu lesen. Die Nonchalance der eilenden Füße hätte sie in einer halben Stunde ausgelöscht. Hier kam ein einzelner Junge; da eine Frau mit einem Hund an der Leine. Es macht die Faszination der Londoner Straße aus, daß keine zwei Leute einander gleichen; jeder scheint mit seiner eigenen privaten Sache beschäftigt. Da waren die Geschäftigen mit ihren kleinen Taschen; da waren die Herumtreiber, die kleine Stöckchen an den Staketenzäunen entlangrattern ließen; da waren leutselige Typen, denen die Straßen als Clubraum dienen, ausrufende Männer auf Karren, die ungefragt Auskünfte erteilen. Es gab auch Beerdigungen, vor denen die Männer, so plötzlich an die Vergänglichkeit ihres eigenen Körpers erinnert, ihre Hüte lüfteten. Und dann war da ein sehr distinguierter Herr, der langsam die Treppe eines Hauses herabkam und einhielt, um den Zusammenstoß mit einer rührigen Dame zu vermeiden, die auf die eine oder andere Weise einen hervorragenden Pelz-

Virginia und Leonard in Monks House

mantel und einen Strauß Parmaveilchen erworben hatte. Sie alle schienen isoliert, in sich selbst vertieft, mit eigenen Dingen beschäftigt.

In diesem Augenblick gab es, wie so oft in London, eine totale Stille und ein Aussetzen des Verkehrs. Nichts kam die Straße herunter; niemand ging vorüber. Ein einzelnes Blatt löste sich von der Platane am Ende der Straße und fiel in diese Stille und Bewegungslosigkeit. Irgendwie war es, als fiele ein Signal, ein Signal, das auf die Kraft in den Dingen hinwies, die man übersehen hatte. Es schien zu einem Fluß zu weisen, der unsichtbar vorüberfloß, um die Ecke, die Straße hinab, und Menschen aufnahm und sie mit sich wirbelte, wie der Fluß in Oxbridge den Studenten in seinem Boot und die toten Blätter mit sich genommen hatte. Jetzt brachte er von der einen Seite der Straße diagonal zur anderen ein Mädchen in Lackstiefeln, und dann einen jungen Mann in einem kastanienbraunen Mantel; er brachte auch ein Taxi; und er führte sie alle drei an einem Punkt direkt unter meinem Fenster zusammmen; wo das Taxi hielt; und das Mädchen und der junge Mann stehenblieben; und in das Taxi stiegen; und dann glitt das Taxi fort, als wäre es von dem Fluß fortgeschwemmt worden an einen anderen Ort.

Der Anblick war gewöhnlich genug, was aber seltsam war, war die rhythmische Ordnung, mit der meine Phantasie ihn ausgestattet hatte; und die Tatsache, daß der gewöhnliche Anblick von zwei Leuten, die in ein Taxi steigen, die Kraft hatte, etwas von ihrer eigenen anscheinenden Befriedigung mitzuteilen. Der Anblick von zwei Leuten, die die Straße herunterkommen und sich an der Ecke treffen, scheint den Geist von einer Anspannung zu befreien, dachte ich, während ich beobachtete, wie das Taxi wendete und davonfuhr. Vielleicht erfordert es eine Anstrengung, von dem einen Geschlecht als vom anderen verschieden zu denken, wie ich es die letzten beiden Tage getan hatte. Es stört die Einheit des Geistes. Nun hat diese Anstrengung aufgehört und die Einheit ist wiederhergestellt, indem man zwei Menschen zusammenkommen und in ein Taxi steigen sieht. Der Geist ist sicherlich ein sehr mysteriöses Organ, überlegte ich und zog meinen Kopf, über den man nichts weiß, obwohl wir so vollständig von ihm abhängen, durchs Fenster zurück. Warum fühle ich, das es Trennungen und Widerstände im Geist gibt, wie es aus offensichtlichen Gründen Spannungen für den Körper gibt? Was meint man mit der ›Einheit des Geistes‹? grübelte ich, denn der Geist hat ganz deutlich eine so große Macht, sich auf jeden beliebigen Punkt zu konzentrieren, daß er keinen eigenen Daseinsstatus zu haben scheint. Er kann sich von den Leuten auf der Straße lösen, zum Beispiel, und sich selbst als etwas von ihnen Getrenntes denken, kann wie aus einem oberen Fenster auf sie hinunterschauen. Oder er kann spontan mit anderen Leuten gemeinsam denken, wie zum Beispiel in einer Menge, die darauf wartet, daß man eine bestimmte Nachricht verliest. Er kann durch seine Väter oder Mütter zurückdenken, wie ich gesagt habe, daß eine Frau, die schreibt, durch ihre Mutter zurückdenkt. Und wenn man eine Frau ist, wird man oft von einer plötzlichen Bewußtseinsspaltung überrascht, zum Beispiel wenn, während sie Whitehall hinabgeht, sie aus einer natürlichen Erbin dieser Zivilisation plötzlich im Gegenteil zur

Außenseiterin wird, fremd und kritisch. Es ist ganz klar, daß der Geist ständig seinen Brennpunkt wechselt und die Welt in verschiedene Perspektiven bringt. Aber einige dieser Geisteszustände scheinen, selbst wenn man sie spontan annimmt, weniger angenehm zu sein als andere. Um sie aufrechterhalten zu können, scheint man beständig etwas zurückzuhalten, und allmählich wird aus der Repression eine Anstrengung. Aber es muß einen Geisteszustand geben, in dem man ohne Anstrengung fortfahren kann, weil es nichts zurückzuhalten gibt. Und dies, so dachte ich, durch das Fenster wieder hereinkommend, ist einer davon. Denn ganz sicher fühlte sich mein Geist, als ich das Paar in das Taxi steigen sah, als wäre er, nachdem er geteilt gewesen war, wieder in natürliche Fusion zusammengetreten. Der offensichtliche Grund würde sein, daß es für die Geschlechter natürlich ist zu korrespondieren. Man hat einen profunden, wenn auch irrationalen Instinkt, der für die Theorie spricht, daß die Einheit von Mann und Frau die größte Befriedigung mit sich bringt, das vollkommenste Glück. Aber der Anblick von zwei Leuten, die in ein Taxi steigen, und die Befriedigung, die er mir verschaffte, ließen mich auch fragen, ob es in Entsprechung zu den beiden Geschlechtern des Körpers auch im Verstand zwei Geschlechter gibt und ob sie auch danach verlangen, vereint zu werden, um vollständige Befriedigung und volles Glück zu erlangen? Und ich fuhr amateurhaft fort, einen Plan der Seele zu skizzieren, wonach in jedem von uns zwei Kräfte herrschen, eine männlich, eine weiblich: und im Männerverstand dominiert der Mann über die Frau, und im Frauenverstand dominiert die Frau über den Mann. Der normale und angenehme Geisteszustand ist erreicht, wenn die beiden in Harmonie miteinander leben, geistig kooperieren. Im Mann muß der weibliche Teil noch wirksam sein; und eine Frau muß auch Umgang pflegen mit dem Mann in sich. Coleridge meinte das vielleicht, als er sagte, daß der große Geist androgyn ist. Erst wenn diese Fusion stattfindet, ist der Geist ganz fruchtbar gemacht und kann alle seine Fähigkeiten anwenden. Vielleicht kann ein Geist, der nur maskulin ist, ebensowenig schöpferisch sein wie ein Geist, der rein weiblich ist, dachte ich. Aber es wäre gut, zu prüfen, was man mit mann-weiblich meinte und umgekehrt mit weib-männlich, als ich einhielt, um ein oder zwei Bücher anzuschauen.

Als er sagte, daß ein großer Geist androgyn ist, meinte Coleridge gewiß nicht, daß es ein Geist ist, der eine besondere Sympathie für Frauen hat; ein Geist, der ihre Sache vertritt oder sich ihrer Interpretation widmet. Vielleicht ist der androgyne Geist weniger tauglich, diese Unterscheidung zu machen, als der eingeschlechtliche. Er meinte vielleicht, daß der androgyne Geist resonant ist und durchlässig; daß er Gefühle ungehindert transmittiert; daß er seinem Wesen nach schöpferisch ist, weißglühend und ungeteilt. In der Tat verweist man auf Shakespeares Geist als dem Typ des androgynen, des mann-weiblichen Geistes, obwohl es unmöglich wäre zu sagen, was Shakespeare über Frauen dachte. Und wenn es zutrifft, daß es eine der Gaben des vollentwickelten Geistes ist, daß er nicht besonders getrennt über das Geschlecht nachdenkt, wieviel schwieriger als je zuvor ist es dann heute, diesen Zustand zu erreichen. Hier kam ich zu den Büchern von lebenden Autoren und hielt dort inne und fragte mich, ob diese Tatsache nicht die Wurzel sein könnte von etwas, das mich schon lange verwirrte. Kein Zeitalter kann je so einschneidend geschlechtsbewußt gewesen sein wie das unsere; diese zahllosen Bücher von Männern über Frauen im Britischen Museum beweisen es. Der Kampf der Suffragetten war ohne Zweifel schuld daran. Er muß in den Männern ein außerordentliches Bedürfnis nach Selbstbestätigung geweckt haben; er muß bewirkt haben, daß sie einen Nachdruck auf ihr eigenes Geschlecht und seine Charakteristika gelegt haben, an den sie nicht im Traume gedacht hätten, wären sie nicht herausgefordert worden. Und wenn man herausgefordert wird, und sei es nur durch ein paar Frauen in schwarzen Kapotthüten, dann übt man Vergeltung, und wenn man noch nie zuvor herausgefordert worden ist, sogar ganz exzessiv. Das erklärt vielleicht einige Charakteristika, die hier gefunden zu haben ich mich erinnere, dachte ich und nahm einen neuen Roman von Mr. A. heraus, der in der Blüte seiner Mannesjahre steht und von dem die Kritiker offensichtlich sehr viel halten. Ich schlug ihn auf. In der Tat, es war eine

Freude, wieder den Stil eines Mannes zu lesen. Es war so direkt, so geradeaus nach dem Stil der Frauen. Es verriet soviel Freiheit des Geistes, soviel Freizügigkeit der Person, soviel Selbstvertrauen. Man hatte ein Gefühl physischen Wohlbefindens in der Gegenwart dieses wohlgenährten, wohlerzogenen, freien Geistes, dem niemals etwas in die Quere gekommen, dem niemals widersprochen worden war, sondern der von Geburt an die Freiheit gehabt hatte, sich zu strecken, wie immer er wollte. Das alles war bewundernswert. Aber nachdem ich ein oder zwei Kapitel gelesen hatte, schien ein Schatten über der Seite zu liegen. Es war ein gerader schwarzer Balken, ein Schatten ungefähr in Form des Buchstaben I.* Man fing an, sich hierhin und dorthin zu neigen, um einen Blick auf die Landschaft dahinter einzufangen. Ob das nun wirklich ein Baum war, oder ob dort eine Frau ging, dessen war ich nicht sicher. Schon wurde man wieder zurückgerufen zu dem Buchstaben I. Man fing an, des Buchstaben I müde zu werden. Nicht, daß dieses I nicht ein höchst ehrenwertes I gewesen wäre; aufrichtig und logisch; hart wie eine Nuß und seit Jahrhunderten poliert durch guten Unterricht und gute Nahrung. Ich respektiere und bewundere dieses I vom Grunde meines Herzens. Aber – und hier blätterte ich ein oder zwei Seiten um, als suchte ich noch nach diesem oder jenem – das schlimmste daran ist, daß im Schatten des Buchstaben I alles so gestaltlos wie Nebel ist. Ist das ein Baum? Nein, es ist eine Frau. Aber... sie hat nicht einen einzigen Knochen in ihrem Körper, dachte ich und beobachtete Phoebe, denn so hieß sie, wie sie über den Strand kam. Dann stand Alan auf und der Schatten von Alan löschte Phoebe sofort aus. Denn Alan hatte Ansichten und Phoebe wurde sofort in der Flut seiner Ansichten zum Schweigen gebracht. Und dann, dachte ich, hat Alan Leidenschaften; und hier wendete ich Seite um Seite um, sehr schnell, fühlte, daß die Krise nahte, und so war es auch. Es fand am Strand in der Sonne statt. Es geschah ganz öffentlich. Es geschah sehr gewaltsam. Nichts hätte weniger dezent sein können. Aber... ich hatte zu oft ›aber‹ gesagt. Man kann nicht immer nur ›aber‹ sagen. Man

* I – im Englischen gleichbedeutend mit ›ich‹ (Anm. d. Ü.).

muß den Satz irgendwie zu Ende bringen mit ›Aber – ich langweile mich!‹ Doch warum langweilte ich mich? Zum Teil wegen des dominierenden Buchstabens I und der Dürre, die er, wie die Riesenbuche, in seinem Schatten hervorruft. Nichts kann dort wachsen. Und zum anderen aus einem obskureren Grund. Es schien in Mr. A's Geist ein Hindernis, einen Widerstand zu geben, der die Quelle seiner schöpferischen Energie blockierte und sie in engen Ufern hielt. Und als ich mich an die Lunchparty in Oxbridge und die Zigarettenasche und die Manx-Katze und Tennyson und Christina Rossetti, an dies alles zugleich erinnerte, erschien es mir möglich, daß das Hindernis dort lag. Da er nicht mehr, wenn Phoebe über den Strand kommt, halblaut vor sich hinsummt, ›Leuchtend ist eine Träne gefallen/ Von der Passionsblume ins Moos‹, und sie, wenn Alan sich naht, nicht mehr antwortet ›Mein Herz ist wie ein singender Vogel/ Des Nest gebaut an rauschendes Wehr‹, was kann er also tun? Um ehrlich zu sein wie der lichte Tag und logisch wie die Sonne: Es gibt nur eines, was er tun kann. Und das, muß man gerechterweise sagen, tut er, immer und immer (sagte ich, indem ich die Seiten weiterblätterte) und immer wieder. Und das, fügte ich hinzu und war mir der Schrecklichkeit dieses Bekenntnisses bewußt, erscheint irgendwie stumpfsinnig. Shakespeares Unanständigkeit wirft tausend andere Dinge in des Lesers Geist auf und ist alles andere als stumpfsinnig. Aber Shakespeare tut es zum Vergnügen; Mr. A, wie die Kindermädchen sagen, tut es mit Absicht. Er tut es aus Protest. Er protestiert gegen die Gleichheit des anderen Geschlechts, indem er eine eigene Überlegenheit behauptet. Er ist daher behindert und gehemmt und befangen, wie Shakespeare es vielleicht gewesen wäre, wenn auch er Miss Clough und Miss Davies gekannt hätte. Ohne Zweifel wäre die elisabethische Literatur sehr anders ausgefallen, wenn die Frauenbewegung im 16. Jahrhundert und nicht im 19. Jahrhundert begonnen hätte.

Worauf das alles hinausläuft, wenn die Theorie von den beiden Seiten des menschlichen Geistes standhält, ist, daß die Virilität nun befangen ist – das heißt, Männer schreiben jetzt nur noch mit der männlichen Seite ihres Verstandes. Es ist falsch für eine Frau, sie zu lesen, denn sie wird nach etwas suchen, das sie nicht finden wird. Es ist die Kraft der Suggestion, die man am meisten vermißt, dachte ich, indem ich Mr. B., den Kritiker, zur Hand nahm und sehr sorgfältig und sehr pflichtbewußt seine Bemerkungen über die Kunst der Dichtung las. Sie waren sehr kompetent, scharfsinnig und voller Gelehrsamkeit; aber das Problem war, daß seine Gefühle nicht länger korrespondierten; sein Verstand schien in verschiedene Zimmer unterteilt zu sein; nicht ein Laut drang vom einen ins andere. Wenn man daher einen Satz von Mr. B. in seinen eigenen Verstand aufnimmt, fällt er plumps zu Boden – tot; wenn man aber einen Satz von Coleridge aufnimmt, explodiert er und bringt alle möglichen anderen Ideen hervor, und das ist die einzige Art zu schreiben, von der man sagen kann, daß sie das Geheimnis des ewigen Lebens in sich hat.

Aber was der Grund dafür auch sein mag, es ist ein Faktum, das man beklagen muß. Denn es bedeutet – und hier war ich an ganze Reihen von Büchern von Mr. Galsworthy und Mr. Kipling gekommen –, daß manche der besten Werke unserer größten lebenden Schriftsteller in taube Ohren fallen. Sie kann machen, was sie will, eine Frau kann in ihnen jene Quelle des ewigen Lebens nicht finden, von der die Kritiker ihr versichern, daß sie dort zu finden sei. Nicht nur, daß sie männliche Tugenden feiern, männliche Werte festigen und die Welt der Männer beschreiben; auch das Gefühl, von dem sie durchdrungen sind, ist für eine Frau unverständlich. Jetzt kommt es, jetzt braut es sich zusammen, jetzt fällt es einem gleich auf den Kopf, fängt man an, sich zu sagen, lange bevor es zu Ende ist. Dieses Bild wird dem alten Jolyon auf den Kopf fallen; er wird an dem Schock sterben; der alte Geistliche wird zwei oder drei Worte des Nachrufs über ihm sprechen; und alle Schwäne auf der Themse fangen gleichzeitig zu singen an. Aber man wird davoneilen, noch bevor das geschieht, und sich in den Stachelbeersträuchern verstekken, denn das Gefühl, das für einen Mann so tief, so subtil, so symbolisch ist, setzt eine Frau in Verwunderung. So ist es mit Mr. Kiplings Offizieren, die den Rücken zudrehen; und mit seinen Sämännern, die die Saat aussäen; und mit seinen

Männern, die mit ihrer Arbeit allein sind; und mit der Fahne – man errötet bei so vielen Großbuchstaben, als wäre man beim Belauschen einer Männerorgie ertappt worden. Tatsache ist, daß weder Mr. Galsworthy noch Mr. Kipling einen Funken Frau in sich haben. Darum erscheinen alle ihre Qualitäten einer Frau, wenn es erlaubt ist zu verallgemeinern, unreif und unerwachsen. Es fehlt ihnen an Suggestivkraft. Und wenn es einem Buch an Suggestivkraft fehlt, dann kann es so hart auf die Oberfläche des Geistes aufschlagen, wie es will, es wird nicht durchdringen.

Und in der unruhigen Stimmung, in der man Bücher herausnimmt und wieder zurückstellt, ohne sie anzuschauen, begann ich ein künftiges Zeitalter der reinen, selbstbestätigenden Virilität ins Auge zu fassen, wie sie die Briefe von Professoren (nehmen wir Sir Walter Raleighs Briefe, zum Beispiel) voranzukündigen scheinen, und wie sie die Herrscher von Italien schon ins Leben gerufen haben. Denn es wird schwerfallen, in Rom von dem Sinn für ungeschmälerte Virilität nicht beeindruckt zu sein; und von welchem Wert eine ungeschmälerte Maskulinität für den Staat auch sein mag, so kann man ihre Wirkung auf die Kunst der Dichtung doch bezweifeln. Auf jeden Fall gibt es den Zeitungen zufolge eine gewisse Besorgnis um die Fiction in Italien. Es hat ein Treffen von Akademikern gegeben, deren Thema es war, ›den italienischen Roman zu entwickeln‹. ›Männer, vornehm durch Geburt oder Finanzen oder Industrie oder faschistische Organisationen‹ kamen kürzlich zusammen und diskutierten den Sachverhalt, und es wurde ein Telegramm an den Duce gesandt, das der Hoffnung Ausdruck gab, ›daß die faschistische Ära bald einen Dichter hervorbringen möge, der ihrer würdig ist‹. Wir können alle in diese fromme Hoffnung einstimmen, aber es bleibt anzuzweifeln, ob Dichtung aus einem Inkabutor hervorgehen kann. Dichtung sollte sowohl eine Mutter wie einen Vater haben. Das faschistische Gedicht, möchte man fürchten, wird eine entsetzliche kleine Abtreibung sein, wie man sie in Glasbehältern in Provinzmuseen besichtigen kann. Solche Monstren leben nie lange, sagt man; man hat niemals ein Ungeheuer dieser Art Gras auf einem Acker weiden sehen. Zwei

Köpfe und ein Körper garantieren noch kein langes Leben.

Dennoch, die Schuld an alledem, wenn man begierig darauf aus ist, schuldig zu sprechen, lastet auf dem einen Geschlecht nicht mehr als auf dem andern. Alle Verführer und Reformer sind verantwortlich; Lady Bessborogh, als sie Lord Granville belog; Miss Davies, als sie Mr. Greg die Wahrheit sagte. Alle, die den Zustand der Geschlechtsbewußtheit herbeigeführt haben, sind schuldig, und sie sind es, die, wenn ich meine Fähigkeiten an ein Buch verwende, mich dazu treiben, es in jenem glücklichen Zeitalter zu suchen, bevor Miss Davies und Miss Clough geboren wurden, als der Schriftsteller beide Seiten seines Geistes gleichermaßen gebrauchte. Man muß also zu Shakespeare zurückkehren, denn Shakespeare war androgyn; Keats und Sterne waren es und Cowper und Lamb und Coleridge. Shelley war vielleicht geschlechtslos. Milton und Ben Johnson hatten eine Spur zuviel vom Mann in sich. Auch Wordsworth und Tolstoi. In unserer Zeit war Proust total androgyn, wenn nicht vielleicht sogar ein bißchen zu sehr Frau. Aber dieser Mangel ist zu selten, um sich darüber zu beklagen, denn ohne eine Mischung dieser Art scheint der Intellekt zu dominieren und die anderen Fähigkeiten des Geistes verhärten sich und werden unfruchtbar. Ich tröstete mich jedenfalls mit der Überlegung, daß dies vielleicht ein Übergangsstadium ist; vieles von dem, was ich, meinem Versprechen an Sie folgend, Ihnen den Verlauf meiner Gedanken wiederzugeben, gesagt habe, wird veraltet erscheinen; vieles von dem, was mir in die Augen sticht, wird Ihnen zweifelhaft erscheinen, weil Sie das entsprechende Alter noch nicht erreicht haben.

Immerhin, der erste Satz, den ich hier niederschreiben würde, sagte ich, ging zum Schreibtisch hinüber und nahm die Seite auf, die FRAUEN UND FICTION überschrieben war, ist, daß es für jeden, der schreibt, fatal ist, an sein Geschlecht zu denken. Es ist fatal, schlicht und einfach nur ein Mann zu sein oder eine Frau; man muß weib-männlich sein oder mann-weiblich. Es ist fatal für eine Frau, den geringsten Nachdruck auf irgendeinen Kummer zu legen; selbst mit gutem Recht irgendeine Sache zu verteidigen; in irgendeiner Form bewußt als Frau zu sprechen. Und es ist fatal, keine Redefigur zu haben; denn alles, was mit diesem bewußten Vorurteil geschrieben wird, ist zum Tode verurteilt. Es wird nicht mehr befruchtet. Brillant und wirksam, kraftvoll und meisterlich, wie es für einen Tag oder zwei erscheinen mag, mit Hereinbrechen der Nacht muß es verwelken; es kann im Geist der anderen nicht wachsen. Irgendeine Zusammenarbeit muß zwischen Mann und Frau im Geist stattfinden, bevor die Kunst des Schöpferischen vollendet werden kann. Es muß eine Vereinigung der Gegensätze vollzogen werden. Der Geist muß als Ganzes weit offenliegen, wenn wir das Gefühl bekommen sollen, daß der Autor seine Erfahrung in ganzer Fülle mitteilt. Es muß Freiheit geben und es muß Frieden geben. Nicht ein Rad darf quietschen, kein Licht darf flackern. Die Vorhänge müssen zugezogen sein. Der Autor, dachte ich, muß, wenn seine Erfahrung abgeschlossen ist, sich zurücklegen und seinen Geist im Dunkeln Hochzeit feiern lassen. Er muß nicht hinschauen oder fragen, was geschieht. Er sollte vielmehr die Blütenblätter einer Rose zupfen oder beobachten, wie die Schwäne still den Fluß hinabgleiten. Und ich sah wieder den Strom, wie er das Boot erfaßte und den Studenten und die toten Blätter; und das Taxi nahm den Mann und die Frau auf, dachte ich, sah, wie sie über die Straße hinweg zusammenkamen, und die Strömung trug sie davon, dachte ich und hörte in großer Ferne das Brausen des Londoner Verkehrs in jenen gewaltigen Strom einmünden.

Hier nun hört Mary Beton auf zu sprechen. Sie hat Ihnen erzählt, wie sie zu dem Schluß kam – dem prosaischen Schluß –, daß es notwendig ist, fünfhundert im Jahr zu haben und ein Zimmer mit einem Schloß in der Tür, wenn man Fiction oder Gedichte schreiben will. Sie hat versucht, die Gedanken und Eindrücke offenzulegen, die sie dazu geführt haben, dies zu glauben. Sie hat Sie eingeladen, ihr zu folgen, wie sie dem Pedell in die Arme lief, hier ein Lunch einnahm, dort ein Dinner, im Britischen Museum Kritzeleien machte, Bücher aus dem Regal nahm, aus dem Fenster schaute. Während sie all diese Dinge tat, haben Sie ohne Zweifel ihre Fehler und Schwächen beobachtet und herausgefunden, welche Wirkung diese auf Marys Meinungen gehabt haben. Sie haben widersprochen und ergänzt oder daraus beschlossen, wie es Ihnen richtig erschien. Das ist alles so, wie es sein sollte, denn in einer Frage wie dieser ist Wahrheit nur zu erreichen, indem man viele Arten von Irrtümern zusammenlegt. Und ich will nun meinerseits damit schließen, indem ich zwei Kritiken vorwegnehme, die so offensichtlich notwendig sind, daß Sie es kaum unterlassen werden, sie anzubringen.

Es ist, so werden Sie sagen, nicht einmal über die vergleichsweisen Verdienste der Geschlechter als Autoren eine Meinung ausgesprochen worden. Das wurde absichtlich nicht getan, weil, selbst wenn es an der Zeit gewesen wäre für eine solche Würdigung – und es ist viel wichtiger im Augenblick, zu wissen, wieviel Geld Frauen hatten und wie viele Zimmer, als über ihre Fähigkeiten zu theoretisieren –, weil sogar, wenn es an der Zeit gewesen wäre, ich nicht glaube, daß Gaben, sei es des Geistes oder des Charakters, wie Zucker und Butter gewogen werden können, nicht einmal in Cambridge, wo sie so erfahren darin sind, Leute in Klassen zu verweisen und ihnen Hüte mit den Initialen ihrer Namen auf den Kopf zu setzen. Ich glaube, daß nicht einmal die Vorrangliste, die Sie in Whitackers *Almanach* finden werden, eine endgültige Ordnung der Werte darstellt, oder daß es irgendeinen vernünftigen Grund gibt, anzunehmen, daß ein Kommandeur des Bathordens direkt hinter einem Doktor der Nervenheilkunde zum Dinner hereinspazieren wird. All dieses Ausspielen von Geschlecht gegen Geschlecht, von Eigenschaft gegen Eigenschaft; der ganze Anspruch auf Überlegenheit und das Zuschreiben von Unterlegenheit, gehören ins Volksschulstadium der menschlichen Existenz, wo es ›Seiten‹ gibt und es für die eine Seite notwendig ist, die andere zu schlagen, und von höchster Wichtigkeit, zum Katheder vorzugehen und aus der Hand des Rektors persönlich einen höchst dekorativen Pokal zu erhalten. Sobald die Menschen aber erwachsener werden, hören sie auf, an ›Seiten‹ zu glauben und an Rektoren oder an höchst dekorative

Pokale. Auf jeden Fall ist es, soweit Bücher betroffen sind, notorisch schwierig, Etiketten des Verdienstes so anzubringen, daß sie nicht wieder abgehen. Sind nicht Rezensionen der gängigen Literatur eine ständige Illustration für die Schwierigkeiten der Beurteilung? ›Dieses große Buch‹, ›dieses wertlose Buch‹, das gleiche Buch wird mit beiden Titeln belegt. Lob und Tadel bedeuten beide nichts. Nein, so angenehm der Zeitvertreib des Messens sein mag, es ist die unfruchtbarste aller Beschäftigungen, und sich den Vorschriften der Maßnehmer zu unterwerfen, ist die servilste aller Haltungen. Solange man schreibt, was man zu schreiben wünscht, ist nur das allein wichtig; und ob es nun für lange Zeit wichtig ist, oder nur für Stunden, kann niemand sagen. Aber auch nur ein Haar vom Kopf deiner Vision, eine Schattierung ihrer Farbe aus Rücksichtnahme auf einen Rektor mit einem Silberpokal in der Hand oder auf einen Professor mit einem Zollstock im Ärmel zu opfern, ist der verächtlichste Verrat; und die freiwillige Aufgabe von Wohlstand und Keuschheit, von der gesagt wird, daß sie die größte menschliche Katastrophe sei, ist im Vergleich dazu ein winziger Flohbiß.

Als nächstes, glaube ich, werden Sie einwenden, daß ich in alledem zuviel Gewicht auf die Bedeutung der materiellen Dinge gelegt habe. Selbst wenn man dem Symbolwert der Feststellung großes Gewicht beimißt, daß fünfhundert im Jahr die Möglichkeit zur Kontemplation bedeuten, daß ein Schloß in der Tür die Möglichkeit bedeutet, selbständig nachzudenken, werden Sie vielleicht sagen, daß sich der Geist über solche Dinge erheben sollte; und daß große Dichter oft arme Männer gewesen sind. Lassen Sie mich daher die Worte Ihres eigenen Professors für Literatur zitieren, der besser als ich weiß, was einen Dichter ausmacht. Sir Arthur Quiller-Couch schreibt:*

Welches sind die großen Namen der Dichtung der letzten hundert Jahre? Coleridge, Wordsworth, Byron, Shelly, Landor, Keats, Tennyson, Browning, Arnold, Morris, Ros-

* *The Art of Writing von Sir Arthur Quiller-Couch.*

setti, Swinburne – hier können wir aufhören. Alle, mit Ausnahme von Keats, Browning und Rosetti, waren Akademiker; und von diesen dreien war nur Keats, der jung, in der Blüte seiner Jahre starb, als einziger nicht wohlhabend. Es erscheint brutal, so etwas zu sagen, und es ist traurig, es sagen zu müssen: es ist eine harte Tatsache, daß die Theorie, wonach der dichterische Genius weht, wo er will, und gleichermaßen in arm und reich, wenig Wahrheit enthält. Es ist eine harte Tatsache, daß neun von zwölf Akademiker waren: was soviel heißt wie, daß sie sich auf die eine oder andere Weise die Mittel verschafften, um die beste Erziehung genießen zu können, die England zu vergeben hat. Und es ist eine harte Tatsache, daß wir von den anderen drei wissen, daß Browning wohlhabend war, und ich sage Ihnen, wäre er nicht wohlhabend gewesen, es wäre ihm niemals gelungen, Saul *zu schreiben oder* The Ring and the Book, *noch hätte Ruskin* Modern Painters *schreiben können, wenn sein Vater nicht ein erfolgreicher Handelsherr gewesen wäre. Rossetti hatte ein kleines Einkommen; und außerdem malte er. Bleibt nur noch Keats, den Atropos in jungen Jahren schlug, wie sie John Clare im Irrenhaus schlug, und James Thomson mit dem Laudanum, das er nahm, um seine Enttäuschung zu betäuben. Dies sind schreckliche Fakten, aber sehen wir ihnen ins Auge. So unehrenhaft es für uns als Nation ist – es ist gewiß, daß durch irgendeinen Fehler in unserem Commonwealth der arme Dichter weder heutzutage noch in den letzten zweihundert Jahren die geringste Chance hatte. Glauben Sie mir – und ich habe den größeren Teil der letzten zehn Jahre damit verbracht, etwa dreihundertzwanzig Volksschulen zu beaufsichtigen –, wir mögen noch soviel von Demokratie schwatzen, im Augenblick hat in England ein armes Kind wenig mehr Hoffnung als es der Sohn eines Sklaven aus Athen hatte, sich in jene intellektuelle Freiheit zu emanzipieren, aus der die großen Werke der Dichtkunst geboren werden.*

Niemand könnte es klarer sagen. ›Ein armer Dichter hatte weder heute noch je in den letzten zweihundert Jahren die geringste Chance... ein armes Kind in England hat heute wenig mehr Hoffnung, als der Sohn des Sklaven aus Athen hatte, sich in jene intellektuelle Freiheit zu emanzipieren, aus der die großen Werke der Dichtkunst geboren werden.‹ Das ist es. Intellektuelle Freiheit hängt von materiellen Dingen ab. Dichtung hängt von intellektueller Freiheit ab. Und Frauen sind immer arm gewesen, nicht nur seit zweihundert Jahren, sondern seit aller Zeiten Anfang. Frauen hatten weniger intellektuelle Freiheit als die Söhne der Sklaven aus Athen. Frauen haben also nicht die geringste Chance gehabt, Gedichte zu schreiben. Deshalb habe ich so viel Nachdruck auf Geld und ein Zimmer für sich allein gelegt. Aber dank der Mühsal jener dunklen Frauen in der Vergangenheit, von denen ich wünschte, daß wir mehr über sie wüßten, seltsamerweise auch dank zweier Weltkriege, des Krimkrieges, der Florence Nightingale aus ihrem Wohnzimmer entließ, und des Ersten Weltkriegs, der etwa sechzig Jahre später den Durchschnittsfrauen die Türen öffnete, sind diese Übel im Schwinden begriffen. Andernfalls wären Sie heute abend nicht hier, und Ihre Chance, fünfhundert Pfund im Jahr zu verdienen, so unsicher sie, fürchte ich, auch noch ist, wäre extrem gering.

Dennoch, werden Sie vielleicht einwenden, warum legen Sie dem Bücherschreiben von Frauen soviel Wichtigkeit bei, wenn, wie Sie sagen, es soviel Mühe macht, vielleicht zum Mord an der eigenen Tante führt, einen fast sicher zu spät zum Mittagessen kommen läßt und einen vielleicht in große Auseinandersetzungen mit gewissen sehr guten Wissenschaftlern verwickelt? Meine Motive, das lassen Sie mich zugeben, sind zum Teil eigensüchtig. Wie die meisten englischen Frauen ohne Hochschulbildung lese ich gern – ich lese Bücher gerne stapelweise. Neuerdings ist meine Kost ein wenig monoton geworden; Geschichtswerke handeln zu viel von Kriegen; Biographien zu viel von großen Männern; Gedichte zeigen, glaube ich, eine Tendenz zur Sterilität, und Fiction – aber ich habe Ihnen, glaube ich, mein Unvermögen als Kritikerin moderner Romane ausreichend zur Schau gestellt und will darüber nichts mehr sagen. Daher möchte ich Sie bitten, alle Arten von Büchern zu schreiben, sich vor keinem Thema zu scheuen, wie trivial oder umfangreich es sein mag. Auf die eine oder andere Weise, hoffe ich, werden

Sie selbst zu genügend Geld kommen, um zu reisen und müßig zu sein, über die Zukunft oder die Vergangenheit der Welt nachzudenken, über Büchern zu träumen und an Straßenecken herumzustehen und den Fluß der Gedanken tief in den Strom einmünden zu lassen. Denn ich will Sie auf keinen Fall auf Fiction einschränken. Wenn Sie mir eine Freude machen wollen – und es gibt Tausende wie mich –, würden Sie Bücher schreiben über Reisen, über Abenteuer und Forschung und Altertum und Geschichte und Biographie und Literaturkritik und Philosophie und Naturwissenschaft. Indem Sie das tun, werden Sie sicher der Kunst der Fiction von Nutzen sein. Denn Bücher beeinflussen einander. Fiction wird viel besser werden, wenn sie mit Dichtung und Philosophie Wange an Wange steht. Außerdem werden Sie, wenn Sie irgendeine der großen Gestalten der Vergangenheit betrachten, wie Sappho, wie Lady Murasaki, wie Emily Brontë, herausfinden, daß sie ebenso Erbin wie Urheberin ist und für uns nur existiert, weil Frauen die Gewohnheit angenommen haben, natürlich zu schreiben; so daß sogar auch als Vorspiel für Dichtung eine solche Aktivität von Ihrer Seite unschätzbaren Wert haben wird.

Aber wenn ich in diesen Notizen zurückblättere und meinen eigenen Gedankengang, so wie er abgelaufen ist, kritisch betrachte, finde ich, daß meine Motive nicht ganz und gar eigensüchtig waren. Es läuft durch diese Kommentare und Diskurse die Überzeugung – oder ist es der Instinkt? –, daß gute Bücher wünschenswert sind und daß gute Autoren, selbst wenn sie jede Spielart menschlicher Verderbtheit zeigen, immer noch gute menschliche Wesen sind. Wenn ich Sie daher bitte, mehr Bücher zu schreiben, so dränge ich Sie, etwas zu Ihrem eigenen Besten und zum Besten der ganzen Welt zu tun. Wie ich diesen Instinkt oder Glauben rechtfertigen soll, weiß ich nicht, denn philosophische Worte können, wenn man nicht an der Universität gewesen ist, falsches Spiel mit einem treiben. Was ist mit ›Wirklichkeit‹ gemeint? Es scheint etwas sehr Erratisches, etwas sehr Unzuverlässiges zu sein – bald findet man es auf einer staubigen Landstraße, bald auf einem Fetzen Zeitungspapier am Straßenrand, bald als Gänseblümchen in der Sonne. Es beleuchtet eine Gruppe von Menschen in einem Zimmer und prägt ein paar beiläufige Sätze. Es überwältigt einen, während man unter den Sternen nach Hause geht, und macht die stumme Welt wirklicher als die Welt der Sprache – und dann, da ist sie wieder, in einem Omnibus im Getöse von Piccadilly. Manchmal scheint sie auch in Formen zu wohnen, die uns zu fern sind, als daß wir erkennen könnten, welches ihre Natur ist. Aber was immer sie berührt, sie fixiert es und macht es dauerhaft. Das ist es, was übrigbleibt, wenn die Hülle des Tages in die Hecke geworfen worden ist; das ist es, was von vergangenen Zeiten und unserem Lieben und Hassen übrigbleibt. Nun hat aber der Autor, so glaube ich, das Glück, mehr als andere Leute in Gegenwart dieser Wirklichkeit zu leben. Es ist sein Geschäft, sie zu finden, sie zu sammeln und sie uns anderen allen mitzuteilen. Das schließe ich wenigstens aus der Lektüre von *Lear* oder *Emma* oder *Auf der Suche nach der verlorenen Zeit*. Denn die Lektüre dieser Bücher scheint ein merkwürdiges Training für die Sinne zu sein; man sieht hinterher intensiver; die Welt scheint von ihren Hüllen entblößt, und es ist ihr intensiveres Leben eingegeben. Jene sind zu beneiden, die mit der Unwirklichkeit auf Kriegsfuß stehen; und jene sind zu bedauern, die ein Ding, das sie ohne Kenntnis und Sorgfalt gemacht haben, über den Kopf gehauen bekommen. So daß, wenn ich Sie auffordere, Geld zu verdienen und ein Zimmer für sich allein zu haben, ich Sie damit auffordere, in Gegenwart der Wirklichkeit zu leben – ein belebendes Leben, so will es scheinen, ganz gleich, ob man es mitteilen kann oder nicht.

Hier würde ich enden, aber der Zwang der Konvention schreibt vor, daß jede Rede mit einer Schlußbemerkung enden muß. Und eine Schlußbemerkung, die sich an Frauen richtet, sollte, darin werden Sie mit mir einig sein, etwas Erhebendes und Veredelndes enthalten. Ich sollte Sie beschwören, sich an Ihre Verpflichtung zu erinnern, erhabener zu sein, geistiger zu sein; ich sollte Sie daran erinnern, wieviel von Ihnen abhängt und welchen Einfluß Sie auf die Zukunft ausüben können. Aber diese Ermahnungen können, glaube ich, ruhig dem anderen Geschlecht überlassen werden, das sie mit weit größerer Eloquenz als ich äußern wird und in der Tat auch schon geäußert hat. Wenn ich in meinen eigenen Gedanken herumstöbere, finde ich keine edlen Gefühle über Kameradschaft, Nächstenliebe und Weltverbesserung. Ich ertappe mich dabei, wie ich kurz und bündig sage, daß es viel wichtiger ist, man selbst zu sein als irgend etwas anderes. Träumen Sie nicht davon, andere Leute zu beeinflussen, würde ich sagen, wenn ich wüßte, wie ich es bewerkstelligen könnte, daß es erhebend klingt. Denken Sie an die Dinge selbst.

Und wieder werde ich daran erinnert, indem ich einen Blick in Zeitungen und Romane und Biographien werfe, daß eine Frau, wenn sie zu Frauen spricht, etwas sehr Unerfreuliches im Ärmel haben sollte. Frauen sind hart zu Frauen. Frauen mögen Frauen nicht. Frauen – aber haben Sie dieses Wort nicht zum Sterben satt? Ich kann das von mir versichern. Kommen wir also überein, daß ein Vortrag, der von einer Frau vor anderen Frauen gehalten wird, mit etwas besonders Unerfreulichem enden sollte.

Aber wie geht das? Was fällt mir dazu ein? Die Wahrheit ist, daß ich Frauen oft mag. Ich mag ihre unkonventionelle Art. Ich mag ihre Vollständigkeit. Ich mag ihre Anonymität. Ich mag – aber so sollte ich nicht fortfahren. Der Geschirrschrank dort – Sie sagen, er enthält nur saubere Servietten; was aber wäre, wenn Sir Archibald Bodkin dazwischen verborgen wäre? Lassen Sie mich darum einen strengeren Ton anschlagen. Habe ich Ihnen in den vorangegangenen Worten die Warnungen und Mißbilligungen der Menschheit genügend übermittelt? Ich habe Ihnen die geringe Meinung mitgeteilt, die Mr. Oscar Browning über Sie hat. Ich habe angeführt, was Napoleon einst von Ihnen dachte und was Mussolini heute denkt. Dann habe ich für den Fall, daß irgendeine von Ihnen sich für Fiction interessiert, zu Ihrer Unterstützung den Rat des Kritikers, die Beschränkungen unseres Geschlechts mutig anzuerkennen, herausgeschrieben. Ich habe auf Prof. X. verwiesen und seine Feststellung hervorgehoben, daß Frauen intellektuell, moralisch und physisch den Männer unterlegen sind. Ich habe Ihnen alles übergeben, was mir, ohne daß ich danach suchte, untergekommen ist, und hier ist eine letzte Ermahnung – von Mr. John Langdon Davies.* Mr. John Langdon Davies warnt Frauen, ›daß, wenn Kinder aufhören, begehrenswert zu sein, Frauen ganz und gar aufhören, vonnöten zu sein‹. Ich hoffe, Sie werden sich das merken.

Wie kann ich Sie nun weiter ermutigen, mit dem Geschäft des Lebens fortzufahren? Ihr jungen Frauen, würde ich sagen, und bitte, hören Sie gut zu, denn nun beginnt die Schlußbemerkung, Sie sind, meiner Meinung nach, schändlich unwissend. Sie haben nie irgendeine Entdeckung von irgendeiner Wichtigkeit gemacht. Sie haben niemals ein Königreich zum Erzittern gebracht oder eine Armee ins Feld geführt. Die Stücke von Shakespeare sind nicht von Ihnen, und Sie haben niemals ein Barbarenvolk den Segnungen der Zivilisation zugeführt. Welche Entschuldigungen haben Sie dafür? Es ist alles schön und gut, wenn Sie, indem Sie auf die Straßen und Plätze und Wälder des Globus zeigen, die von schwarzen und weißen und kaffeebraunen Bewohnern wimmeln, die alle emsig im Straßenverkehr, mit Geschäften oder mit dem Liebesakt beschäftigt sind, sagen, wir hatten etwas anderes zu tun. Ohne unser Zutun würden die Meere nicht befahren und die fruchtbaren Gebiete wären Wüste. Wir haben die eintausendsechshundertunddreiundzwanzig Millionen menschlicher Wesen, die, laut Statistik, zur Zeit leben, geboren und aufgezogen, gewaschen und unterrichtet, meist bis zum Alter von sechs oder sieben Jahren, und das, selbst wenn man einräumt, daß einige von uns dabei Hilfe hatten, braucht seine Zeit.

Es liegt etwas Wahres in dem, was Sie sagen – das will ich nicht leugnen. Aber gleichzeitig darf ich Sie daran erinnern, daß seit dem Jahr 1866 mindestens zwei Colleges für Frauen in England existieren; daß es nach 1880 einer verheirateten Frau gesetzlich erlaubt war, eigenen Besitz zu haben; und daß ihr 1919 – was ganze neun Jahre her ist – erlaubt wurde, zu wählen? Darf ich Sie auch daran erinnern, daß die

* *A Short History of Women*, von *John Langdon Davies.*

meisten Berufe Ihnen seit nunmehr fast zehn Jahren offenstehen? Wenn Sie über diese immensen Privilegien nachdenken und über die Länge der Zeit, die diese jetzt schon zur Verfügung stehen, und über die Tatsache, daß in diesem Augenblick etwa zweitausend Frauen in der Lage sein müßten, auf die eine oder andere Weise fünfhundert im Jahr zu verdienen, dann werden Sie mir zustimmen, daß die Entschuldigung des Mangels an Gelegenheit, Bildung, Ermutigung, Muße und Geld nicht länger zieht. Außerdem sagen uns die Ökonomen, daß Mrs. Seton zu viele Kinder gehabt hat. Sie müssen natürlich fortfahren zu gebären, aber, so wird gesagt, nur zwei oder drei, nicht zehn oder zwölf.

Daher sollten Sie nun, mit ein bißchen Zeit für sich selbst und ein bißchen Bücherwissen im Kopf – von allem anderen haben Sie reichlich genug gehabt und werden teilweise ins College geschickt, vermute ich, um ungebildet zu bleiben – wirklich in ein neues Stadium Ihrer sehr langen, sehr mühseligen und höchst obskuren Karriere eintreten. Tausend Federn liegen bereit, Ihnen einzugeben, was Sie tun sollten und welche Wirkung Sie damit haben werden. Mein eigener Vorschlag ist ein bißchen fanatisch, gebe ich zu; ich ziehe es daher vor, ihn in Fiction-Form vorzutragen.

Ich sagte Ihnen im Verlauf dieser Rede, daß Shakespeare eine Schwester hatte; aber suchen Sie nicht in Sir Sidneys *Leben der Dichter* nach ihr. Sie starb jung – ach, sie schrieb nie ein Wort. Sie liegt begraben, wo jetzt die Omnibusse halten, gegenüber von Elephant und Castle. Nun glaube ich aber, daß diese Dichterin, die nie ein Wort schrieb und an einer Straßenkreuzung begraben wurde, noch am Leben ist. Sie lebt in Ihnen und in mir, und in vielen anderen Frauen, die heute nicht hier sind, weil sie Geschirr spülen und die Kinder ins Bett bringen. Aber sie lebt; denn große Dichter sterben nicht; sie sind ständige Anwesenheiten; sie bedürfen nur der Gelegenheit, im Fleische unter uns zu wandeln. Und nun liegt es, wie ich glaube, in Ihrer Macht, ihr diese Gelegenheit zu geben. Denn es ist meine Überzeugung, daß, wenn wir noch ein weiteres Jahrhundert oder so gelebt haben – und ich spreche von einem gemeinsamen Leben, welches das wirkliche ist, und nicht von den kleinen isolierten Leben, die wir als Individuen leben – und wenn jede von uns fünfhundert im Jahr hat und ein Zimmer für sich allein; wenn wir an die Freiheit gewöhnt sind und an den Mut, genau das zu schreiben, was wir denken; wenn wir dem gemeinsamen Wohnzimmer ein bißchen entronnen sind und menschliche Wesen nicht immer nur in ihrer Beziehung zueinander sehen, sondern in Beziehung zur Wirklichkeit; und auch den Himmel und die Bäume oder was immer es sein mag, als das sehen, was sie sind; wenn wir über Miltons Teufelchen hinaussehen, weil keinem menschlichen Wesen der Blick verstellt werden sollte; wenn wir der Tatsache ins Auge sehen – denn es ist eine Tatsache –, daß es keinen Arm gibt, auf den wir uns stützen könnten, sondern daß wir allein gehen und daß unsere Beziehung eine Beziehung zur Welt der Wirklichkeit und nicht zur Welt der Männer und Frauen sein sollte, dann wird diese Gelegenheit kommen und die tote Dichterin, die Shakespeares Schwester war, wird den Körper annehmen, den sie so oft abgelegt hat. Sie wird, wie ihr Bruder das vor ihr tat, ihr Leben aus den Leben der Unbekannten ziehen, die ihre Vorfahrinnen waren, und wird so geboren werden. Denn daß sie ohne diese Vorbereitung kommt, ohne die Anstrengung von unserer Seite, ohne die Entschlossenheit, dafür zu sorgen, daß sie, wenn sie wiedergeboren ist, es möglich finden soll, zu leben und ihre Gedichte zu schreiben, das können wir nicht erwarten, denn das wäre unmöglich. Aber ich behaupte weiterhin, daß sie kommen wird, wenn wir für sie arbeiten, und daß dafür zu arbeiten, und sei es in Armut und Dunkelheit, der Mühe wert ist!

Louie Mayer
Erinnerungen an Virginia Woolf

Im Sommer 1934, als ich in Southease in Sussex wohnte, sah ich in der Lokalzeitung eine Anzeige, die mich besonders interessierte: Es hieß darin, daß für ein kleines Landhaus in der Nähe von Lewes eine Köchin-Hausgehilfin gesucht wurde und daß eine mietfreie Wohngelegenheit – eine Kate – gestellt würde. Antworten seien an Mrs. Woolf, Monks House, Rodmell zu richten. Ich freute mich, diese Anzeige entdeckt zu haben: Es war genau die Art von Arbeit, die ich suchte, und mein Mann und ich brauchten eine Kate für uns allein. Wir brauchten auch eine Schule in der Nähe für unsere Kinder. Ich wußte, das es in Rodmell eine gab, also antwortete ich sofort.

Als ich den Brief aufgab, dachte ich, daß vielleicht nichts daraus werden würde. Wie schon so oft, würde vielleicht nicht einmal eine Antwort kommen. Aber innerhalb weniger Tage kamen Mr. und Mrs. Woolf gemeinsam, mich zu besuchen. Sie mußten den Brief gelesen haben, als sie zum Wochenende nach Rodmell heruntergekommen waren, und dann früh am nächsten Morgen die paar Meilen nach Southease weitergefahren sein.

Sie beschrieben mir die Arbeit, die ich in Monks House haben würde, in allen Einzelheiten. Mr. Woolf erklärte, daß ihr Tagesablauf sehr sorgfältig geplant sei, beinahe Stunde für Stunde, und daß es wichtig sei, daß nichts geschähe, was ihre Routine störte. Ich hatte den Eindruck, daß sie Leute sein mußten, die Zeit wirklich liebten. Ich hoffte auch tatsächlich, daß es mir gelingen würde, die Stundeneinteilung, von der sie gesprochen hatten, einzuhalten, aber es schien ein ziemlich erschreckender Stundenplan zu sein. Mrs. Woolf erzählte mir dann von der Kate. Es sei nur eine ›zwei oben zwei unten‹, sagte sie, aber sie sei nicht weit vom Haus entfernt gelegen, und wer immer die Arbeit annahm, für den würden auch Verbesserungen vorgenommen.

Ein paar Tage später schrieb mir Mrs. Woolf – ich erinnere mich noch gut an diesen Brief, er war auf leuchtend grünem Papier geschrieben –, sie schrieb, daß sie mich einstellen würde und daß sie mir zu Anfang sieben Shilling und Sixpence pro Woche bezahlen würde und daß ich in der Kate wohnen könne, die Mr. Woolf in Rodmell gekauft hatte. Ich war sehr aufgeregt, weil ich die Anstellung bekommen hatte. Sieben Shilling und Sixpence pro Woche und eine mietfreie Kate waren zu jener Zeit wirklich ein hohes Gehalt.

Ich war sehr jung, als ich in Monks House zu arbeiten anfing, und ich fragte mich, ob ich in der Lage sein würde, einen so strengen Tagesplan einzuhalten. Ich wußte, daß ich an diesem Arbeitsplatz Erfolg haben würde, wenn ich die richtigen Dinge zur rechten Zeit tat. Aber ich hätte mir keine Sorgen zu machen brauchen. Mr. und Mrs. Woolf gaben sich sehr große Mühe, mir das Gefühl zu geben, zu Hause zu sein, und halfen mir, mich an ihre Routine zu gewöhnen. Ich gewann sie beide gleich in der ersten Woche lieb.

Ich hatte einen langen Arbeitstag, er begann um acht Uhr früh und endete nach neun Uhr abends, aber zu jener Zeit dachte ich – wie meine Freundinnen in gleichen Stellungen – über meine Tage nicht in Form abgezählter Stunden nach. Wir hatten unsere Arbeit gern, es war unser Stolz, sie gut zu machen, und ich glaube fast, wir waren sehr, sehr glücklich. Obgleich auch mein Mann einen extrem arbeitsreichen Tag hatte, half er mir, unsere beiden Kinder zu Bett zu bringen. Ich hatte am Nachmittag etwas freie Zeit, die ich mit meiner Familie verbringen konnte, aber die Kinder kamen auch oft mit mir zu Monks House. Sie wuchsen praktisch dort in der Küche auf; sie rannten ein und aus, hinaus in den Garten, halfen Percy Bartholomew, Mr. Woolfs Gärtner, als wäre es ihr eigenes Zuhause.

Eines fand ich an meinem ersten Tag sehr befremdlich. Die Decken in Monks House waren sehr dünn, das Badezimmer war direkt über der Küche, und wenn Mrs. Woolf vor dem Frühstück badete, hörte ich, wie sie mit sich selber sprach. Sie redete und redete, schwatz, schwatz, schwatz: stellte Fragen und gab die Antworten selbst. Ich dachte, es müssen an die zwei oder drei Personen da oben bei ihr sein. Als Mr.

Woolf sah, daß ich irritiert war, erklärte er mir, daß Mrs. Woolf die Sätze, die sie nachts geschrieben hatte, immer laut aussprach. Sie mußte wissen, ob sie auch richtig klangen, und das Bad war ein Ort mit guter Resonanz, sie auszuprobieren. Er hatte sich so daran gewöhnt, sie auf diese Weise mit sich reden zu hören, daß er es gar nicht mehr wahrnahm. Ich gewöhnte mich auch daran, aber es irritierte mich noch ziemlich lange.

Ich durfte in Monks House keinen Kaffee machen – Mr. und Mrs. Woolf waren mit ihrem Kaffee sehr eigen und bereiteten ihn immer selbst –, Mr. Woolf kam daher jeden Morgen um acht Uhr in die Küche, um ihn zu kochen. Wenn wir die Frühstückstabletts in Mrs. Woolfs Zimmer trugen, bemerkte ich jedesmal, daß sie nachts gearbeitet hatte. Papier und Bleistifte lagen neben ihrem Bett, so daß sie, wenn sie aufwachte, arbeiten konnte, und manchmal schien es, als hätte sie sehr wenig Schlaf gehabt. Diese Papiere, auf denen mitunter immer und immer wieder der gleiche Satz geschrieben stand, lagen in Stößen im Zimmer herum. Sie lagen auf Stühlen, auf Tischen und manchmal sogar auf dem Boden. Es war eine von Mrs. Woolfs Angewohnheiten, während sie arbeitete, das Geschriebene in kleinen Stößen um sich herumliegen zu lassen. Ich fand sie auch überall sonst im Haus: im Wohnzimmer, im Eßzimmer, auf Tischen und Kaminsimsen.

Mrs. Woolfs Schlafzimmer war immer außerhalb des Hauses, im Garten; ich dachte oft daran, wie unbequem es sein mußte, in den Regen hinaus zu müssen, um ins Bett zu kommen. Sie hatte auch ein Arbeitszimmer im Garten, in der Nähe ihres Schlafzimmers, weil es dort ruhig war und sie ungestört arbeiten konnte. Ihr Schlafzimmer war außen an der Rückseite des Hauses angefügt worden; die Tür ging auf den Obstgarten hinaus und ein Seitenfenster ging auf einen großen Acker. Ich erinnere mich, wie eines Nachts eine Kuh kam und ihren Kopf zum Fenster hereinstreckte. Es amüsierte Mrs. Woolf sehr, aber damit das nicht noch einmal geschah, kaufte Mr. Woolf den Acker und schlug einen Teil davon dem Garten zu. Weil das Arbeitszimmer klein war, ließ er am Ende des Gartens an die Kirchenmauer ein größeres bauen. Als es fertig war, hatte Mrs. Woolf einen herrlichen Blick nach Osten über die Wiesen auf den Mount Caburn, und da saß sie dann gewöhnlich jeden Tag und arbeitete.

Ich kann mich noch immer erinnern, wie sie täglich aus dem Arbeitszimmer zum Haus herüberkam: Wenn ich um ein Uhr zum Mittagessen die Glocke läutete, kam sie gewöhnlich durch den Obstgarten herunter und rauchte eine ihrer Lieblingszigaretten in einer langen Spitze. Sie war groß und dünn und sehr elegant. Sie hatte große, tiefliegende Augen und einen großen, weit geschwungenen Mund – ich glaube, daß vielleicht gerade dieser Zug an ihr das Gesicht so besonders schön aussehen ließ. Sie trug lange Röcke – gewöhnlich aus blauem oder braunem Cordsamt – nach der Tagesmode und Seidenjacketts in der gleichen Farbe. Ich erinnere mich auch, daß immer ein großes seidenes Taschentuch in eine ihrer Taschen gesteckt war.

Ihre Zigaretten waren aus einem speziellen Tabak, der My Mixture hieß. Mr. Woolf kaufte ihn für sie in London, und an den Abenden saßen sie am Kaminfeuer und drehten diese Zigaretten selbst. Es war ein milder, süß duftender Tabak, und andere Zigaretten rauchte sie nicht, obwohl sie mitunter einen der langen, dünnen Stumpen rauchte, die sie sehr gern hatte.

Mrs. Woolf trug Kleider, die ihr gut standen, besonders wenn sie auf Parties ging. Ich bügelte sie für sie und erledigte alle nötigen Näharbeiten – sie konnte nicht nähen, obwohl sie manchmal Lust hatte, es zu versuchen. Sie versuchte auch gern zu kochen, aber ich hatte immer das Gefühl, sie wollte keine Zeit damit verschwenden und zog es vor, in ihrem Zimmer zu sitzen und zu arbeiten.

Aber eine Sache gab es in der Küche, die Mrs. Woolf sehr gut machte: Sie konnte wunderbares Brot backen. Die erste Frage, die sie mir stellte, als ich nach Monks House kam, war, ob ich wüßte, wie man das macht. Ich sagte ihr, daß ich für meine Familie schon welches gebacken hätte, daß ich aber kein Experte darin sei. ›Ich komme in die Küche, Louie‹, sagte sie, ›und zeige Ihnen, wie man es macht. Wir haben unser Brot immer selbst gebacken.‹ Ich war überrascht, wie kompliziert der Vorgang war und wie sorgfältig Mrs. Woolf ihn ausführte. Sie zeigte mir, wie der Teig gemacht wurde, aus den richtigen Mengen Mehl und Hefe, und dann, wie man ihn knetete. Sie kam drei- oder viermal im Laufe des Vormittags wieder herüber, um ihn erneut zu kneten. Schließlich gab sie dem Teig die Form eines Katenlaibes und buk ihn in der genau richtigen Temperatur. Ich muß schon sagen, Mrs. Woolf war keine sehr praktische Person – sie konnte zum Beispiel nicht nähen oder stricken oder Auto fahren –, aber dies war eine Arbeit, die praktische Fähigkeiten erforderte und die sie jedesmal gut machte. Ich brauchte viele Wochen, bis ich im Brotbacken so gut war wie Mrs. Woolf, aber ich habe sehr lange geübt und am Ende, glaube ich, übertraf ich sie darin.

Ich entwickelte bald Interesse, in Monks House die verschiedensten Gerichte auszuprobieren. Mr. und Mrs. Woolf mochten es nicht, wenn ich große Mahlzeiten kochte, aber sie lebten gut und hatten Freude an gutem Essen. Wild mochten sie besonders gern – Schneehuhn und Fasan in gut gemachten Saucen. Puddings mußten sehr leicht sein und frisch, es waren meist *crèmes* und *soufflés*. Ich fing an, mich so fürs Kochen zu interessieren, daß Mrs. Woolf mich fragte, ob ich am Brighton Technical College an einem Kochkurs für Fortgeschrittene teilnehmen wolle. Ich fand das eine großartige Idee, und sie arrangierte daher für mich einen Einjahres-Kurs. Ich hatte große Freude an den Kochstunden; jeden Morgen verließ ich Rodmell um elf Uhr morgens und kam spät am Nachmittag zurück, um das Abendessen zu kochen und die Rezepte auszuprobieren, die man mir gezeigt hatte. Am Ende des Jahres konnte ich sehr komplizierte Gerichte zubereiten, und wenn Gäste nach Monks House kamen, ein gutes Menü arrangieren – das heißt, wenn Mrs. Woolf sich gut genug fühlte, um Freunde zu sehen.

Mitunter war Mrs. Woolf, während sie an einem Buch arbeitete, sehr krank und hatte heftige Kopfschmerzen. Mr. Woolf mußte dann die Anzahl der Freunde, die ins Haus kamen, einschränken. Oder er mußte denen, die kamen, sagen, daß sie nur kurze Zeit mit ihnen sprechen könne. Das tat er nicht gern, aber er wußte, daß sie, wenn sie nicht genügend Ruhe hatte, sehr krank werden würde. Natürlich kamen Verwandte, die in der Nähe wohnten, immer zu

Besuch – besonders ihre Schwester Vanessa und ihre Nichte Angelica. Mrs. Woolf freute sich immer, sie zu sehen. Aber außer den Verwandten kamen nicht viele Leute, die in der Nähe wohnten, jederzeit zu Besuch ins Haus. Wenn es Mrs. Woolf gut ging, luden sie enge Freunde über Nacht ein, denn die meisten wohnten in London.

Von ihren Freunden erinnere ich mich besonders an Kingsley Martin. Er kam sehr oft nach Monks House und sprach mit Mr. Woolf viel über Politik. Mrs. Nicolson (Vita Sackville-West) kam für gewöhnlich von Sissinghurst herüber und blieb über das Wochenende. Ich hatte sie sehr gern. Sie war groß und schön und hatte ein ganz rosiges Gesicht. Mrs. Woolf freute sich immer sehr, wenn sie zu Besuch kam. Ich erinnere mich auch besonders an Mr. Tom Eliot. Er war ein so sanfter Mensch, still und reserviert, aber er sprach sehr viel mit Mrs. Woolf, und manchmal neckte sie ihn und brachte ihn zum Lachen. Wenn er über das Wochenende blieb, kam ich immer am Sonntagmorgen aus meiner Kate herübergelaufen, um das Frühstück zu kochen, und dann klopfte ich an Mr. Eliots Tür, um ihm mitzuteilen, daß es fertig sei, aber er war zur Kirche gegangen und sein Zimmer war leer. Mr. und Mrs. Woolf gingen nie zur Kirche, und es fiel daher schwer, daran zu denken, daß er jeden Sonntag ging.

Ein anderer häufiger Gast war Dame Ethel Smyth. Sie war sehr amüsant: Sie kam gewöhnlich in ihrem lustigen alten Auto nach Rodwell herübergefahren, stieg aus, stellte sich ans Gartentor und rief nach Mrs. Woolf. ›Virginia!‹ schrie sie so laut sie konnte. Sie war taub und wußte nicht, was für einen Lärm sie machte. Dame Ethel kam nicht nur sehr oft nach Monks House, sie schrieb auch beinahe täglich einen Brief an Mrs. Woolf. Ich nahm gewöhnlich die Briefe des Morgens in meiner Kate vom Briefträger entgegen – damit er Mr. und Mrs. Woolf nicht so früh weckte –, und Mrs. Woolf fragte mich immer, ob einer von Dame Ethel dabei sei, ich glaube, sie erwartete ihre Briefe. Wenn Mr. Woolf zur Frühstückszeit an ihrem Bett saß, um Kaffee zu trinken und mit ihr zu sprechen, las sie ihm gewöhnlich den Brief vor, und es amüsierte sie beide sehr.

Mrs. Woolf war immer sehr froh, wenn sie ein Buch zu

Ende geschrieben hatte, aber die Wochen, die dann folgten, waren immer sehr angstvoll für Mr. Woolf. Er wußte, daß sie vielleicht eine Art nervöser Reaktion auf die langen Stunden harter Arbeit haben und wieder krank werden könnte. Wenn sie anfing, schlimme Kopfschmerzen zu bekommen und wirklich erschöpft auszusehen, sagte er allen Besuchern ab, die ins Haus kommen wollten, und bestand darauf, daß sie vollständige Ruhe hatte. Ich wußte, wann Mrs. Woolfs Gesundheit dieses Stadium erreichte, denn sie kam dann gewöhnlich in die Küche und setzte sich nieder und überlegte, was sie mir hatte sagen wollen. Dann ging sie hinaus in den Garten und ging dort sehr langsam umher, als versuchte sie, sich zu erinnern. Ich habe gesehen, wie sie beim Gehen gegen Bäume rannte, sie wußte nicht wirklich, was sie tat. Es gab auch Zeiten, da sah sie erschöpft aus, wenn sie im Wagen aus London zurückkamen. Ich glaube, das kam meist im Winter vor, wenn es sehr kalt war. Sie haßte es immer, zu frieren: Es schien sie auf eine seltsame Weise zu beeinträchtigen – schien sie fast in Angst zu versetzen. Sie saßen dann gewöhnlich vor den brennenden Holzscheiten, bis ihr wieder warm war und sie sich besser fühlte.

Ich erinnere mich besonders, wie Mrs. Woolf an einem Nachmittag zu meiner Kate herauskam. Ich war überrascht, sie die Straße herabeilen zu sehen, weil sie mich nur selten besuchte, und ich dachte, sie muß wohl etwas Besonderes mitzuteilen haben. Als sie sich gesetzt hatte, sagte sie: ›Louie, ich habe mein Buch beendet!‹ Ich wußte dann, warum sie gekommen war. Sie hatte sehr lange Zeit an ihrem Roman *The Years* gearbeitet und war mehrmals krank geworden, während sie versuchte, es zu Ende zu schreiben. Sie war so erfreut, daß es nun abgeschlossen war, daß sie einfach hatte kommen müssen, um es jemandem zu erzählen. Dann sagte sie: ›Jetzt werden wir ein bißchen Geld ausgeben und die Küche renovieren lassen und eine Menge neuer Dinge für Sie einbauen lassen.‹ Sie war so aufgeregt, daß wir den Rest des Nachmittags damit verbrachten, Pläne für die Küche zu machen.

Trotz der Erschöpfung, unter der Mrs. Woolf litt, während sie an ihren Büchern schrieb, hatte ich immer das Gefühl, daß sie psychisch sehr stark sein mußte. Selbst wenn sie sehr krank gewesen war – wie zum Beispiel während der letzten paar Monate, in denen sie an *The Years* schrieb –, brachte sie es fertig, sich nach einer langen Ruhepause zu erholen. Es machte sie ungeduldig, krank zu sein, und ich glaube, sie bewies großen Mut mit ihrem Entschluß, so schnell wie möglich wieder gesund zu sein.

Aber Anfang 1941, nachdem sie ihren letzten Roman abgeschlossen hatte, war Mrs. Woolf wieder krank, und diesmal schien sie große Schwierigkeiten zu haben, sich wieder zu erholen. Mr. Woolf war so besorgt um sie, daß er sie überredete, einen Spezialisten in Brighton aufzusuchen. Das war etwas, was ich nie zuvor von ihr gekannt hatte. Mit Hilfe des Spezialisten und der Fürsorge, mit der Mr. Woolf darauf sah, daß sie soviel wie möglich ausruhte, fing sie an, sich ein wenig zu erholen. Eines Morgens, als ich Mr. Woolfs Arbeitszimmer sauber machte, kamen beide herein, und Mr. Woolf sagte: ›Louie, würden Sie bitte Mrs. Woolf ein Staubtuch geben, damit sie Ihnen beim Saubermachen helfen kann?‹ Er hatte den ganzen Morgen im Schlafzimmer mit ihr geredet, denn es schien wieder ein schlimmer Tag zu sein, und er muß ihr wohl vorgeschlagen haben, ein bißchen etwas zu tun, vielleicht bei der Hausarbeit zu helfen. Ich gab ihr ein Staubtuch, aber es kam mir seltsam vor. Ich hatte nie zuvor erlebt, daß sie mit mir zusammen Hausarbeit machen wollte. Nach einer Weile legte Mrs. Woolf das Staubtuch weg und ging. Ich dachte, daß sie vielleicht das Arbeitszimmer nicht besonders gerne sauber machte und sich entschlossen hatte, etwas anderes zu tun.

Später am Vormittag sah ich sie aus dem Wohnzimmer herunterkommen und in ihr Zimmer im Garten gehen. Nach ein paar Minuten kam sie ins Haus zurück, zog den Mantel an, nahm ihren Spazierstock und ging rasch den Garten hinauf zum oberen Eingangstor. Sie mußte einen Brief an Mr. Woolf und an ihre Schwester geschrieben haben, als sie im Wohnzimmer war, ihn dann auf dem kleinen Kaffeetisch zurückgelassen haben und eilig fortgegangen sein, damit wir sie nicht sehen konnten.

Als ich um ein Uhr die Glocke läutete, um Mr. Woolf anzuzeigen, daß das Mittagessen fertig war, sagte er, er gehe hinauf, im Radio die Nachrichten zu hören, und käme in ein paar Minuten wieder herunter. Im nächsten Augenblick kam er die Treppe herunter in die Küche gerannt und rief nach mir. ›Louie!‹ sagte er, ›ich glaube, Mrs. Woolf ist etwas passiert! Ich glaube, sie hat sich vielleicht umgebracht! In welche Richtung ist sie gegangen – haben Sie gesehen, wie sie das Haus verließ?‹ – ›Sie ging vor kurzem durch das obere Gartentor‹, sagte ich. Plötzlich war alles ein schrecklicher Alptraum. Wir liefen in den Garten hinaus, und ich ging den Gärtner suchen, für den Fall, daß er Mrs. Woolf hatte nach Hause kommen sehen. Mr. Woolf ging zum oberen Gartentor und rannte bergab zum Fluß. Der Gärtner hatte Mrs. Woolf nicht gesehen, darum lief er so schnell er konnte, den diensthabenden Polizisten im Dorf zu verständigen. Sie gingen beide zum Fluß hinab, um zu sehen, ob sie Mr. Woolf helfen konnten. Er hatte ihren Spazierstock gefunden, er steckte im Schlamm am Flußufer, aber von Mrs. Woolf gab es keine Spur. Sie suchten lange nach ihr, aber es gab kein Anzeichen, das ihnen verraten konnte, wo sie war. Mr. Woolf überlegte, ob sie den Stock da zurückgelassen hatte, um ihn in die Irre zu führen, und vielleicht nach Shepherd's Cottage hinaufgegangen war. Das war einer ihrer Lieblingsspaziergänge, und es war möglich, daß sie diesen Weg gegangen war, um allein zu sein, ohne wirklich zu wissen, was sie tat. Ich ging mit ihm nach Shepherd's Cottage, aber sie war nicht dort. Wir gingen wieder zurück und suchten nach ihr auf den Wiesen den Fluß, das Flußufer und die Bäche entlang, bis es Nacht war und wir aufgeben mußten. Es gab nichts mehr, was wir hätten tun können.

Zwei Wochen später kam der Polizist ins Haus, um Mr. Woolf zu sagen, daß ihre Leiche gefunden worden sei. Ein paar Kinder, die von Lewes her den Fluß entlanggegangen waren, hatte die seitlich ans Unfer geschwemmte Leiche gesehen. Er sagte, es seien schwere Steine in den Taschen ihrer Jacke gewesen und sie müsse sie dort hineingetan haben und dann geradenwegs in den Fluß gewatet sein. Und das war schrecklich. Es war das schrecklichste, das ich je erfahren habe.

Monks House war lange Zeit danach ein trauriger Ort. Ich geriet in eine nervöse Verfassung – von der Sorge, nicht zu wissen, was mit Mrs. Woolf geschehen war, und dann von dem Schock über das Auffinden der Leiche. Immer, wenn ich jemanden ums Haus gehen und an die Tür klopfen hörte, dachte ich, sie würden kommen und mir noch etwas erzählen, das ich nicht hören wollte. Ich hätte zu jener Zeit nicht noch mehr schlimme Nachrichten ertragen können.

Ich blieb in Monks House und sorgte all die Jahre, die er allein war, für Mr. Woolf. Er war immer außerordentlich beschäftigt: arbeitete bei Hogarth Press in London, ging zu politischen Versammlungen, schrieb seine Bücher und versorgte, natürlich, seinen Garten. Er liebte seinen Garten. Mit der Hilfe von Percy Bartholomew, seinem ersten Gärtner, hatte er ihn zum schönsten Ort voller Blumen und Obst und Gemüse gemacht. Mr. Woolf war so aktiv, er rannte fast immer überall hin, als bräuchte er mehr Stunden für einen Tag, und er arbeitete immer hart. Er konnte wirklich arbeiten.

Er war auch ein sehr freundlicher und fürsorglicher Mann. Als ich vor ein paar Jahren krank war und operiert werden mußte, kam er jeden Tag ins Hospital in Brighton und unterhielt sich mit mir. Obwohl es micht immer sehr freute, ihn zu sehen, war er doch weit über achtzig, und ich fürchtete, die Fahrt sei zuviel für ihn. Aber er sagte, daß ihn die Reise überhaupt nicht ermüde, und er besuchte mich weiterhin täglich, bis es mir wieder gut genug ging, um nach Hause zu kommen.

Ich war erst seit ein paar Wochen wieder in Rodmell und mußte mich immer noch von der Operation erholen, als er selbst sehr krank wurde. Eines Morgens kam eine Nachbarin in meine Kate gerannt, um mich nach dem Namen von Mr. Woolfs Arzt zu fragen: Sie sagte, daß der Gärtner Mr. Woolf im Wohnzimmer in einem Lehnstuhl liegend gefunden habe und daß er aussah, als sei er sehr krank. Ich versuchte, zu Monks House hinüberzulaufen, aber ich war noch schwach und konnte nicht schnell gehen. Als ich zum Haus kam, stand ein Krankenwagen davor, und der Fahrer sagte zu mir: Mrs. Mayer, Sie müssen jetzt ein paar von Mr. Woolfs Kleidern zusammenpacken, damit wir ihn ins Krankenhaus bringen können.‹ Ich fragte ihn, wer den Krankenwagen denn bestellt habe, und er sagte mir, daß jemand aus dem Dorf angerufen habe. ›Nun‹, sagte ich, ›dann werden Sie Mr. Woolf auch nicht ins Krankenhaus bringen. Ich weiß, daß er das nicht wünschen würde.‹ Der Fahrer wußte, daß ich meinte, was ich sagte, und als ich ihm auch sagte, daß ich Mr. Woolfs Arzt anrufen würde, fuhr er mit dem Krankenwagen fort. Dann rief ich den Arzt an und wartete, bis er kam.

Eine Nachbarin und ich versorgten Mr. Woolf Tag und Nacht, mehrere Monate hindurch. Er erholte sich ein bißchen, aber seine Krankheit hatte seine Sprechfähigkeit beeinträchtigt, und deshalb fühlte er sich elend. Er fragte mich eines Tages, ob ich immer verstehen könne, was er sage: Ich hatte ihm immer die Wahrheit gesagt, also mußte ich ihm sagen, daß ich ihm manchmal nicht folgen konnte. Obwohl er es stets vorzog, unabhängig zu sein, wußte er nun, daß er sich ausruhen und pflegen lassen mußte. Schließlich brauchten wir die Hilfe von zwei Krankenschwestern, und dann kam die Zeit, als keine Medizin und Spezialbehandlung mehr etwas bewirken konnte. Aber ich blieb täglich bei ihm, bis zum Ende.

Als Mr. Woolf starb, fand meine Arbeit in Monks House ihr Ende. Ich war sechsunddreißig Jahre dort gewesen. Es waren sehr glückliche Jahre, und ich hatte meine Arbeit geliebt und eine große Zuneigung zu Mr. und Mrs. Woolf gefaßt. Ich war immer froh, vor so langer Zeit jene Anzeige in der Lokalzeitung in Southease bemerkt und darauf geantwortet zu haben.

Virginia Woolf
Gesammelte Werke
Herausgegeben von Klaus Reichert

»Um eine neue Bahn einzuschlagen, muß ein Romanautor nicht nur große Gaben besitzen, sondern auch eine große Unabhängigkeit des Geistes. Virginia Woolfs Stil ist von erstaunlicher Schönheit. Ihre Art zu beobachten setzt eine unermeßliche und angespannte Arbeit voraus. Sie erleuchtet nicht nur durch plötzliche Blitze, sondern verbreitet ein ruhiges und sanftes Licht.« *T. S. Eliot*

Zur Ausgabe

Virginia Woolf ist vielleicht die bedeutendste, gewiß ist sie die fruchtbarste Schriftstellerin dieses Jahrhunderts gewesen. Sie hat die Form des Romans von Grund auf erneuert, und ohne sie und James Joyce hätte die Entwicklung des Romans einen anderen Verlauf genommen. Sie hat die in England hochentwickelte Form des Essays auf neue, ungeahnte Höhen geführt, und sie hat mit ihrem großen Tagebuch ein Dokument der *condition humaine* geschaffen, das nur mit den großen Beispielen der Gattung – Pepys, John Evelyn, Saint-Simon – zu vergleichen ist. Nicht zuletzt ist Virginia Woolf eine der ersten Autorinnen, die sich konsequent um Geschichte und Zukunft weiblichen Schreibens in unserer Gesellschaft gekümmert haben. Durch diesen Aspekt ihres Werkes wurde sie zur zentralen, nicht unumstrittenen Figur der internationalen Frauenbewegung. Bisher war nur ein kleiner Teil des Werkes Virginia Woolfs zugänglich: die Romane bis auf einen, die kurze Erzählprosa etwa zu einem Drittel, von den über tausend Essays rund eine Handvoll, ein paar autobiographische Texte, nichts von dem ebenfalls opulenten Briefwerk. Mit der geplanten Ausgabe soll das Werk der Autorin in angemessener Vollständigkeit vor dem deutschen Publikum ausgebreitet werden.

Editionsplan

Virginia Woolf
Gesammelte Werke

bereits erschienen	*Die Fahrt hinaus.* Roman
	Das Mal an der Wand. Gesammelte Kurzprosa
	Tagebücher. Band 1 (1915–1919)
	Orlando. Roman
	Die Wellen. Roman
	Zum Leuchtturm. Roman
in Vorbereitung	*Nacht und Tag.* Roman
	Jakobs Zimmer. Roman
	Mrs. Dalloway. Roman
	Die Jahre. Roman
	Zwischen den Akten. Roman
	Tagebücher 1915–1941 in fünf Bänden
	Briefe 1888–1941 in drei Bänden
	Gesammelte Essays in vier Bänden
	Roger Fry. Biographie
	Flush. Die Geschichte eines berühmten Hundes

Neben der Edition der *Gesammelten Werke* erscheinen einige ausgewählte Titel als englische Broschur und werden zu einem späteren Zeitpunkt in die Ausgabe integriert:

bereits erschienen	*Der gewöhnliche Leser. Band 1* Essays
	Der gewöhnliche Leser. Band 2 Essays
	Frauen und Literatur Essays
in Vorbereitung	*Tagebuch einer Schriftstellerin*
	Ein eigenes Zimmer
	Drei Guineen

S. Fischer

889/4b